Chinese Language Short Course

SPEAK CHINESE

BOOK ONE

Editor	Wu Shuping
Compilers	Lai Siping
	Zhao Ya
	Zheng Rui
Translator	Zhao Ya
English Editor	Shen Xulun

BEIJING LANGUAGE INSTITUTE PRESS

短期汉语教材

说 汉 语

上 册

主编　吴叔平

编者　来思平　赵娅　郑蕊

翻译　赵娅

英文校订　沈叙伦

北京语言学院出版社

说　明

　　《说汉语》是根据最新制订的短期汉语教学总体设计，重新规划和编写的短期汉语教材。对已掌握了一千左右汉语单词的学习者适用。

　　《说汉语》针对外国人在中国学习和生活的实际需要，贯彻功能和语法相结合的原则，把情景对话组成单元，使常用词语和句型在课文和练习中不断重现。内容由易到难，循序渐进。

　　注释部分除对每课重点词语的意义和用法作简要说明外，还对某些词语结构给予必要的扩展，以帮助学习者掌握汉语的一般规律。

　　《说汉语》分上、下两册，上册共20课。每课有课文、生词、注释、练习四个部分。注释有英文翻译。书后附有词汇表。

　　本书完稿后，曾两度试用，我们根据试用情况，又作了部分修改，现在得以成书出版。对关心和支持本书出版的编辑和同行们我们表示衷心的感谢。

编　　者

1989年10月

FOREWORD

《Speak Chinese》 has been redesigned and recompiled according to the recently-made overall plan for short-term training in Chinese. It suits the level of those who already have a vocabulary of about one thousand words.

《Speak Chinese》 is designed to meet the practical needs of foreigners studying and living in China. By combining functional methods with grammatical methods, it is divided into chapters that are composed of dialogues related to everyday situations. Throughout 《Speak Chinese》, everday expressions as well as grammatical structures are repeated in texts and exercises. The contents of the book proceed from easy to difficult levels step by step.

In order to help learners grasp the general rules of Chinese, the notes of each lesson do not only explain the meanings and usage of key words, but also provide a wider range of usage of some words and structures.

《Speak Chinese》 is divided into two volumes. The first volume has twenty lessons. Each lesson consists of four parts: a text, new words, notes and exercises. The notes are written in Engligh. At the end of the book there is a complete vocabulary list.

After the completion of the book, it passed through the piloting prove. According to the results we received during this period of trial, we modified some parts of the book. Now it is ready for the press. We are sincerely grateful to all those who collaborated in the editing and compiling of this book.

Compilers
October,1989

目 录

CONTENTS

第一课　我喜欢这个职业

一、课　文
Text

A：你快大学毕业了吧？

B：快了。

A：你最理想的职业是什么？

B：高中的时候我想当作家，上大学以后又想当记者。

A：那么现在呢？

B：现在倒不知道了。你喜欢什么职业？

A：我想当老师，我喜欢这个职业。

B：啊，太合适了！我怎么从来没发现呢？只是……

A：只是什么？

B：只是有点儿大年轻了。

A：我想年轻一点儿没关系。你父亲、母亲做什么工作？

B：我父亲是一个烟酒公司的经理，母亲是医生。

A：记得你说过你有一个弟弟。

B：是的，他现在上大学。

A：他想做什么工作，你知道吗？

B：他是学法律的，他希望以后能当一名律师。

二、生　词

New Words

1. 理想　（名、形）lǐxiǎng　　ideal
2. 职业　（名）　zhíyè　　　occupation
3. 大学　（名）　dàxué　　　university
4. 高中　（名）　gāozhōng　high-school
5. 当　　（动）　dāng　　　to work as, to become
6. 作家　（名）　zuòjiā　　writer
7. 上(学)（动）　shàng(xué)　to go to school
8. 以后　（名）　yǐhòu　　　after
9. 记者　（名）　jìzhě　　　reporter, journalist
10. 倒　　（副）　dào　　　contrary to what is expected

11.	合适	（形）	héshì	suitable, appropriate
12.	从来	（副）	cónglái	at all times (if "从来" is used in a negative sentence, it means "never")
13.	发现	（动）	fāxiàn	to find, to discover
14.	只是	（副）	zhǐshì	only
15.	年轻	（形）	niánqīng	young
16.	公司	（名）	gōngsī	company
17.	经理	（名）	jīnglǐ	manager, director
18.	医生	（名）	yīshēng	doctor
19.	记得	（动）	jìde	to remember
20.	法律	（名）	fǎlǜ	law
21.	希望	（动、名）	xīwàng	to hope
22.	名	（量）	míng	*a measure word (for a person)*
23.	律师	（名）	lǜshī	lawyer

三、注　释
Notes

1. 你快大学毕业了吧

"快（要）…了"表示即将发生某种情况，还可以说成"要…了""就要…了"。"快（要）…了"前不能有时间状语修饰，"要…了""就要…了"前可以有时间状语修饰。

The structure 快（要）…了 indicates somthing is going to happen soon. So does the structure 要…了 or 就要……了. A time adverbial modifier can not precede 快（要）…了; but before 就要……了, a time adverbial modifier can be used.

(1)快下雨了，带上伞吧。

快要下雨了，带上伞吧。

要下雨了，带上伞吧。

(2)看样子，马上就要下雨了。

(3)再过五分钟电影就要开演了。

2. 现在倒不知道了

"倒"表示转折，要求有一定的语言环境。"倒"在动词或形容词前，不能在主语前。

The adverb 倒 must be used in a context to show the contrary to the preceding situation or things. 倒 should be used before a verb or an adjective, but not before a subject.

(1)汉字有点儿难，汉语发音倒不太难。

(2)刚才很饿，现在倒不想吃东西了。

3. 现在倒不知道了

"了"在句尾表示情况发生了变化。各种谓语句都可以用"了"表示这种变化。

When 了 is used at the end of a sentence, it implies the changing of a situation. 了 can be used in all predicate sentences to show such changing.

4

(1)前几天他感冒了，现在好了。

(2)昨天真热，今天凉快了。

(3)我不头疼了。

4. 他希望以后能当一名律师

能愿动词"能"在这里表示客观条件容许。

In the sentence above, 能 is a modal verb, which indicates that something is permitted under certain conditions.

(1)这个屋子能住三个人。

(2)现在出发还来得及，能赶上火车。

"能"还可以表示情理上许可，准许。

能 can indicate rational consent and permission.

(1)他肚子疼，不能再喝凉茶了。

(2)请问，能在这儿吸烟吗？

"能"还可以表示主观上具有某种能力。

能 can also indicate that a person has the ability to do something.

(1)他一顿饭能吃30个饺子。

(2)他能用两只手写字。

四、练 习
Exercises

1.用指定的词语完成问句：

Ask questions, using the words in brackets:

(1)A：＿＿＿＿＿＿？（什么）

B：我最理想的工作是当老师。

A：＿＿＿＿＿＿？（什么）

B：我喜欢学汉语。

(2)A：_____？（什么）

B：我最喜欢医生这个职业。

(3)A：_____？（什么）

B：我的朋友是北京饭店的经理。

(4)A：_____？（什么）

B：他希望大学毕业以后能当一名记者。

(5)A：_____？（多长）

B：我每天学6个小时的汉语。_____？（呢）

A：我也学习6个小时。

(6)A：你大学毕业了吗?

B：快了。_____？（呢）

A：我刚一年级。

(7)A：_____？（呢）

B：小王去食堂了。

(8)A：_____？（呢）

B：对不起，你的笔在我这儿。

2. 问答问题:

Answer the following questions:

(1)你大学毕业了吗? 在大学你学什么?

(2)你现在做什么工作?

(3)你最理想的职业是什么?

(4)你家里的人都做什么工作?

(5)你认为经理这个工作怎么样? 为什么?

(6)你们国家的人最羡慕什么工作?

3. 模仿例句改写句子:

Rewrite the following sentences after the models:

例：一个月以后，他就20了。

——→　他快20了。

(1)飞机一会儿就起飞了。

(2)下星期我朋友来北京。

(3)快走吧，一会儿食堂没饭了。

(4)医生说他的病这几天就会好。

例：木村天天8点以前到教室。

——→木村从来不迟到。

(1)我以前不喜欢这个职业，现在也不喜欢。

(2)他每天都不锻炼，所以身体不太好。

(3)他从小时候到现在都不喜欢吃肉。

(4)晚上他总是不看电视，因为太忙了。

例：他汉语刚学一年多，可是说得挺流利。

——→他汉语刚学一年多，说得倒挺流利。

(1)老王前几年身体不太好，可是这几年好多了。

(2)这件衣服太贵了，不过挺漂亮。

(3)他年龄不大，可是看的书不少。

4. 用指定的词完成句子：

Complete the following sentences, using the words in brackets:

(1)_____，我还没见过他。(以后)

(2)_____，格林开始学汉语。(以后)

(3)这件衣服不大也不小，_____。(合适)

(4)她刚20岁，_____。(年轻)

(5)我知道这本书的名字，_____。(只是)

(6)医生这个职业不错，_____。(只是)

5. 选词填空：

Fill in blanks with the proper words in brackets:

快…了　理想　倒　记得　以后　羡慕　从来　只是　当　希望

(1)＿＿你＿＿不吃辣的，还＿＿不吸烟，不喝酒。

(2)大学毕业以后，他＿＿做＿＿的工作。

(3)他吃的不多，＿＿很有力气。

(4)去年我见到他的时候，他在美国，＿＿去法国了。

(5)很多人＿＿他的职业。

(6)他很想＿＿一个大公司的经理。

(7)去那个地方旅游不错，＿＿远了点儿。

(8)别出去了，＿＿下雨＿＿。

6. 根据指定内容选择下列词语对话：

Make dialogues, with the topics and words given below:

什么　羡慕　理想　当　喜欢　职业　希望
医生　律师　记者

(1)说一说医生这个工作。

(2)你希望自己能做什么工作？

(3)在作家、记者、教师、医生、经理、律师这些职业中，你
认为哪种职业你比较适合？说说原因。

(4)什么职业你最不喜欢？

7. 谈谈你知道的各种工作。

Talk about the various jobs you know.

第二课　我工作很忙

一、课　文
Text

A：你们每天工作几小时？

B：每天工作8小时。

A：中国是8小时工作制吧？

C：是的。每周工作6天，礼拜天休息。

A：老师也是每天工作8小时吗？

B：是的。不过，大学老师上完课可以在家备课。

A：医生呢？

C：医生也是每天工作8小时。

A：你在哪儿工作？

C：我在公司工作，当经理。

A：工作忙吗？

C：工作很忙，我的公司在郊区，上下班要花很多时间。

A：坐公共汽车上班吗？

C：我们公司有班车，我从家里出来，要先坐几站电车。

A：有假期吗？

C：有，春节放假时间最长，这是中国最重要的传统节日。

A：学校呢？

B：学校有暑假和寒假。

A：暑假放多长时间？

B：从7月中旬到8月底，放一个半月。

A：寒假呢？

B：有一个月，跟春节在一起。

A：有这么长的假期，你不羡慕吗？

C：是啊，我就很羡慕我爱人，她是老师。

B：老师的假期是多一点儿，不过，老师在假期里还要备课。

二、生　词

New Words

1.	谈	（动）	tán	to talk
2.	工作制	（名）	gōngzuòzhì	system of work
3.	周	（名）	zhōu	week

4.	礼拜天	（名）	lǐbàitiān	sunday
5.	不过	（连）	búguò	but
6.	备课		bèi kè	to prepare lessons
7.	郊区	（名）	jiāo qū	suburbs
8.	上班		shàng bān	to go to work
9.	下班		xià bān	to go off work
10.	花	（动）	huā	to spend
11.	先	（副）	xiān	first
12.	班车	（名）	bānchē	(here) company bus
13.	假期	（名）	jiàqī	holiday, vacation
14.	放假		fàng jià	to have a holiday
15.	重要	（形）	zhòngyào	important
16.	传统	（名）	chuántǒng	tradition
17.	节日	（名）	jiérì	festival
18.	暑假	（名）	shǔjià	summer vacation
19.	寒假	（名）	hánjià	winter vacation
20.	旬	（名）	xún	a period of ten days
21.	底	（名）	dǐ	the end
22.	羡慕	（动）	xiànmù	to envy

专　名
Proper Noun

春节 Chūnjié the Spring Fes-
tival

三、注　释
Notes

1. 每天工作几小时

"几小时"表示"工作"持续的时间，是时量补语。

几小时，a time-measure complement, indicates the hours
that the work lasts.

　　(1)晚会进行了3个小时。

　　(2)他在北京住了3年。

　　(3)屋子里的灯亮了很长时间。

如果有宾语，要注意宾语的位置：

If there is an object, pay attention to its position.

a.宾语在重复的谓语动词之间。

a. An object should be placed between the predicate verb
and the repeated verb.

　　(1)我坐车坐了两个小时。

　　(2)我找本子找了10分钟。

　　(3)他学汉语学了一年。

b.不重复动词，宾语是一般名词，宾语在时量补语后（时量
补语和宾语之间可以有"的"）。

b. If the verb is not repeated and the object is an ordinary
noun, the object should be put after the time-measure comple-

ment.　(的 can be used between the time-measure complement and the object.)

(1)我坐了两个小时（的）车。

(2)我找了10分钟（的）本子。

c.宾语是称呼或人称代词时，宾语在时量补语前。

c. The object is put before the time-measure complement when it is a form of address or a personal pronoun.

(1)小王等了你一个小时，你去哪儿了？

(2)你认识王老师几年了？

d.宾语是称呼，补语是"一会儿""半天"等不定时量词，宾语可以在补语前，也可以在补语后。

d. The object can be put either before or after the time-measure complement, when a form of address is used as the object and such time-measure words of approximate periods of time as 一会儿，半天 etc. are used as the complement.

(1) { 你等王林一会儿吧。
你等一会儿王林吧。

(2) { 我找了王老师半天，也没找到。
我找了半天王老师，也没找到。

时量补语还可以表示动作从开始或完成到说话的时候（或提到的某一时刻）已经有多长时间了。如果有宾语，宾语一般在动词后、补语前。

Time-measure complements can also indicate how long an action has already lasted, from its beginning or its end till the time when somebody talks about it (or a given time). If there is an object in the sentence, the object is generally placed after the verb, but before the complement.

(1)他大学毕业一年了。

(2)我来北京一个星期了。

2. 上完课可以在家备课

"完"是动词"上"的结果补语。结果补语可以是动词或形容词，说明动作的结果。如果有宾语，语序是："动词＋结果补语＋宾语"。

完 is the result complement of the verb 上. Verbs or adjectives can be used as the result complement to indicate the result of an action. If there is an object in the sentence, the structure should be: "verb + the result complement + object".

(1)桌子擦干净了，吃饭吧。
(2)他穿好鞋了。

3. 暑假放多长时间

"多"可以表示疑问，用来询问程度、数量。"多＋形"，形容词常常是单音节的，"多"前常用"有"。

多 is often used in asking a question about the quantity or duration. 多 + adj, the adjective here is often a monosyllable one, and preceded by 有.

(1)今年你多大了?
(2)那棵树有多高?
(3)从这儿到你们公司有多远?

4. 从7月中旬到8月底

a."从…到…"可以连接时间词，表示从开始到某时的一段时间。

a. The structure 从…到… can be used with a time expression to indicate a period from its beginning till a certain time.

(1)那个医院从早上到晚上都可以看病。

(2)我们从星期一到星期五上班，星期六、星期日休息。

b. "从…到…"可以连接处所词，表示从一个地方去到另一个地方。

b. The structure 从…到… can be used with a term of location to indicate going from one place to another.

(1)从圆明园到颐和园远吗？

(2)从这儿到桂林交通方便吗？

c. "从…到…"可以连接名词、动词短语或主谓短语，表示范围。

c. The structure 从…到… can be used with nouns, verbal phrases or subject-predicate phrases to indicate the extent of the subject.

(1)从大人到小孩儿都喜欢听他讲故事。

(2)从生词到课文他都复习了一遍。

(3)他谈了很多问题，从孩子上学到老人看病。

四、练　习
Exercises

1. 用指定的词语完成句子：

Ask questions, using the words in brackets:

(1)A:＿＿＿＿＿＿＿＿？（几）

B:他每周工作6天。

A:＿＿＿＿＿＿＿＿？（几）

B:他在这儿工作5年了。

A:_____?（几）

B:他经常上午9点上班，下午5点下班。

(2)A:_____?（多长）

B:我每天上下班要花3个多小时。

(3)A:_____?（多长）

B:我学汉语学了一年多。

(4)A:_____?（多）

B:他今年20了。

(5)A:_____?（多）

B:不太远，走5分钟就到了。

(6)A:_____?（多少）

B:每个月我工作26天。

(7)A:_____?（多少）

B:我们班有11个人。

2. 模仿例句改写句子:

Rewrite the following sentences after the models:

例：今天天气不错，只是风大一点儿。

——→今天天气不错，不过风大一点儿。

(1)学校离家远一点儿，但坐车还是很方便的。

(2)这几天他非常忙，可是明天可以休息。

(3)他病了很长时间，这几天好多了。

例：他学了两年汉语。

——→他花了两年时间学习汉语。

(1)他每天用一小时听音乐。

(2)我上下班路上用3个多小时。

(3)我买了两本书，一共五块四。

(4)我的朋友用了很多钱修理这辆汽车。

例：洗手以后再吃饭。

——→吃饭前先洗手。

(1)你去教室吧，我马上就去。

(2)谁最早到教室的?

(3)你吃点东西以后再喝酒。

例：学校离商店有多远?

——→从学校到商店有多远?

(1)上星期五以后我没见到他。

(2)他小时候喜欢看书，现在也喜欢看书。

(3)美国离中国远吗?

3. 选择填空:

Fill in the blanks with the proper words given in the brackets:

(1)他说今天没空儿，不去商店了，_____明天可以去。

　　(因为　不过　只是)

(2)今天我不上班，_____是休息日。(还是　因为　不过)

(3)格林放_____时间的假?（多少　多　多长)

(4)我学汉语_____。(两年　学了两年　两年时间)

(5)这顿饭_____。(两个小时我们吃了　我们两个小时
吃了　我们吃了两个小时)

(6)我没听_____他说的话。(得懂　懂　懂了)

4. 选词填空:

Fill in the blanks with the proper words given below:

因为　月底　班车　传统　工作制　中旬　郊区　要　重要　先

(1)我不坐公司的_____上班，我骑车去。

(2)欧美国家最_____的_____节日是圣诞节。

(3)这个月我_____看完这本书。

(4)我的公司离家很远，在_____，上下班_____坐三小时公
共汽车。

(5)上个月_____我的朋友去上海了，这个月_____回北京。

(6)他到北京以后，就_____来我家了。

(7)_____坐车太麻烦，所以我常骑车。

(8)你的国家是几小时_____?

5. **根据指定内容，用下面的词语对话:**

Make dialogues with the questions and words given
below:

几　多长　多少　多

(1)你工作累吗?

(2)你每天学习紧张吗?

(3)从你家到公司远吗?

(4)你怎么去上班?

6. **回答问题:**

Answer the following questions:

(1)你们国家是几小时工作制?

(2)你一星期工作几天?

(3)你工作学习的地方在城里还是郊区? 离家多远

(4)你怎么去上班(上学)?

(5)你一年有多长时间的假期?

(6)你们国家最重要的节日是哪个? 节日放多长时间的假?

7. **谈谈你认为最忙的工作。**

What do you think is the busiest work? Tell us about it.

第三课 她比我还忙

一、课文
Text

A：去北京饭店。

B：好，请上车吧。

A：你们每天要工作到很晚吧？

B：是啊，有时候到半夜呢！

A：够辛苦的。你结婚了吗？

B：结婚已经5年了。

A：你爱人也工作吗？

B：嗯。她在医院工作，比我还忙。

A：两个人都工作，家里有不少困难吧？

B：可不么！听说外国不少妇女结婚以后就不工作了，是吗？

A：以前是这样，现在婚后继续工作的人越来越多了。

B：你爱人呢？

A：我现在还没有爱人呢!

B：对不起，请原谅。

A：没什么。你们都工作，孩子怎么办?

B：送幼儿园，每天早晚接送。

A：如果刮风下雨呢?

B：那也得去啊。

A：孩子大概更喜欢妈妈吧?

B：他说他都喜欢。

A：小家伙儿真聪明。几岁了?

B：明天是他的4岁生日，瞧，这是我给他买的生日礼物。

二、生 词
New Words

1.	爱人	（名）	**àiren**	husband or wife, spouse
2.	上车		**shàng chē**	to get on (a bus)
3.	半夜	（名）	**bànyè**	midnight
4.	够	（动、形）	**gòu**	quite
5.	辛苦	（形）	**xīnkǔ**	(to work) hard, laborious
6.	结婚		**jié hūn**	to get married

7.	嗯	(叹)	ǹg	*an interjection*
8.	医院	(名)	yīyuàn	hospital
9.	困难	(名、形)	kùnnan	difficulty
10.	听说		tīng shuō	it's said ..., I hear ...
11.	外国	(名)	wàiguó	foreign country
12.	妇女	(名)	fùnǚ	woman
13.	以前	(名)	yǐqián	before, previously
14.	继续	(动)	jìxù	to continue
15.	越来越		yuèláiyuè	to get adj + er + adj + er (to get better and better, colder and colder, etc.)
16.	对不起		duìbuqǐ	I'm sorry
17.	原谅	(动)	yuánliàng	to forgive, pardon
18.	孩子	(名)	háizi	child
19.	怎么办		zěnmebàn	What's to be done?
20.	幼儿园	(名)	yòu'éryuán	kindergarten
21.	得	(能动)	děi	to have to, should
22.	大概	(副)	dàgài	probably

hand-written note near item 16: hǎo jià for asking?

23.	小家伙儿	（名）	xiǎojiāhuor	kid
24.	真	（副）	zhēn	really
25.	聪明	（形）	cōngming	clever
26.	生日	（名）	shēngri	birthday
27.	瞧	（动）	qiáo	to look
28.	礼物	（名）	lǐwù	gift, present

专　名
Proper Noun

北京饭店　　　　Běijīng Fàndiàn　Beijing Hotel

三、注　释
Notes

1. 够辛苦的

"够…的" 表示达到一种很高的程度。

The structure 够……的 indicates a certain higher degree
has been reached.

 ⑴今天够热的。

 ⑵你穿的真够多的。

 ⑶我的手表丢了，真够让人着急的。

2. 她在医院工作，比我还忙

用 "比" 表示比较的句子，一般格式是 "A比B→差别"。

比 is often used in the comparative sentences, with the
structure A 比 B → 差别 (the difference).

 ⑴今天比昨天凉快。

(2)他比我走得快。

(3)我比他身体好。

如果要表示具体差别，还可以在表示差别的词语后加"一点儿""一些""多了""得多"等。

If you want to express the exact difference, phrases such as 一点儿、一些、多、得多 often go after the words that indicate the differences.

(1)今天比昨天凉快得多。(一点儿；一些；多了)

(2)他比我走得快得多。(一点儿；一些；多了)

(3)我比他身体好得多。(一点儿；一些；多了)

在表示差别的词语前一定不能用"很""非常""极"等程度副词。可以用"还""更"等程度副词。

Adverbs such as 很、非常、极 are never used in front of the words that indicate the difference, except 还、更.

(1)今天比昨天更（还）凉快。

(2)他比我走得更（还）快。

(3)我比他身体更（还）好。

"A比B→差别"的否定形式可以用"A不比B→差别"。

The negative form of the structure A比B → 差别 (the difference) is A不比B → 差别 (the difference).

(1)今天不比昨天凉快。

(2)他不比我走得快。

(3)我不比他身体好。

另外，还可以用"不如""没有"否定。

In addition, in the negative form 不如、没有 can also be used.

(1)今天不如（没有）昨天凉快。

(2)他不如（没有）我走得快。

(3)我不如（没有）他身体好。

3. 可不么

"可不（是）（么）"用于对话时，表示同意对方的话。可以进一步补充说明。

When some people are talking about something, and one of them wants to show his agreement, he could use 可不(是)(么)，and at the same time give some additional information about the thing they are discussing.

(1)A：今天够热的。

　　B：可不（是）（么），听说有38度呢!

(2)A：你工作很忙吧?

　　B：可不(是)（么），每天晚上7点才能吃晚饭。

4. 现在婚后继续工作的人越来越多了

"越来越"表示事物发展的程度随着时间的推移而增加。

The structure 越来越 indicates that the degree of something changes as time goes.

(1)天气越来越热。

(2)他的身体越来越好。

(3)他说汉语说得越来越流利。

四、练 习
Exercises

1. 用指定词语完成问句:

　Ask questions with the words in brackets:

　(1)A：＿＿＿＿＿＿＿＿?（还是）

　　B：我每天坐班车上班。

24

(2)A：_____？（还是）

　　B：有时候我送孩子，有时候我爱人送。

(3)A：_____？（是不是）

　　B：是的，医生们工作是很辛苦。

(4)A：_____？（是不是）

　　B：对，很多妇女婚后继续工作。

(5)A：_____？（正反疑问句）

　　B：我的孩子还没上学，还在幼儿园。

(6)A：_____？（正反疑问句）

　　B：不太远，从家到医院骑车骑5分钟。

2. 完成对话，然后改成短文，介绍一个医生的家庭。

Complete the dialogue, and change it into a short talk about a doctor′s family.

　　A：你在哪儿工作？

　　B：_____。_____？

　　A：我在医院工作。

　　B：_____？

　　A：够辛苦的，病人多的时候经常要工作到很晚。

　　B：_____？

　　A：是的，我爱人和我在一个医院里工作。

　　B：_____？_____？

　　A：有，我们有一个女孩，今年4岁了。

　　B：_____？

　　A：白天孩子上幼儿园，晚上和我们在一起。

　　B：_____？

　　A：星期天，有时候我们和她去公园玩儿。

　　B：_____？

　　A：对，她高兴极了。这时候她常常说："妈妈，明天我们还到公园来玩儿，是不是?"

B：小家伙真够有意思的。

3. 根据指定内容，用下面的词语对话:

Make dialogues, with the topic and words given below:

多　几　是不是　还是

(1)介绍你们国家一个教师的家庭。

(2)介绍你父母的工作。

4. 模仿例句改写句子:

Rewrite the following sentences after the models:

例：昨天暖和，今天更暖和。

——→今天比昨天更暖和。

(1)他够高的，他弟弟更高。

(2)这本书有意思，那本书差一些。

(3)骑车方便，坐车不太方便。

(4)他认识的汉字多，我认识的汉字不太多。

例：春天到了，天气一天比一天暖和了。

——→春天到了，天气越来越暖和了。

(1)他学习很努力，汉语说得比以前好多了。

(2)这几年他天天跑步，身体也更好了。

(3)快到年底了，我回国的时间一天比一天近了。

(4)他当了医生以后，更喜欢这个工作了。

5. 用指定词语完成句子:

Complete the following sentences with the words given in brackets:

(1)商店已经关门了，_____?(买　怎么办)

(2)下雨了，_____?(伞　怎么办)

(3)_____呀! 可不。(公共汽车　人　多)

(4)_____吗? 可不。(每天 练 发音)

(5)昨天你忙了一天,_____!(够…的)

(6)百货大楼的商品真_____!(够…的)

(7)_____, 我就不去机场接他了。(如果)

(8)_____, 你就得多听多说。(如果)

(9)听说_____。(婚后 工作 妇女 越来越)

⑩听说_____。(北京 秋天 比 春天 好)

6. 选择词语填空:

Fill in the blanks with the proper words given in the brackets:

有时候 听说 还 聪明 半夜 大概 呢

没什么 继续 小家伙 越来越 比 可不

(1)他最喜欢晚上写信,_____写到_____。

(2)问问他吧, _____他会知道。

(3)希望你回国以后_____学汉语。

(4)这_____年龄不大, 倒真聪明。

(5)同学们_____习惯这里的生活了。

(6)他去的地方_____我去的地方____多。

(7)A: _____旅游的人很多, 车票不好买。

　　B: 可不。

(8)A: 对不起, 让你久等了。

　　B: _____。

(9)安娜_____? 她的朋友来看她了。

7. 回答问题:

Answer the following questions:

(1)你认为妇女结婚以后继续工作好还是在家做家务好? 为什么?

(2)谈谈你的家庭情况。

第四课　我教你打网球

一、课　文
Text

A：天气真好，咱们打网球好吗？

B：我从来没打过。

A：没关系，我教你。

B：我想，我是最笨的学生。

A：能教会你才是好老师啊！

B：那么说，打网球你很拿手了？

A：谈不上拿手，不过，当你的老师还可以。你喜欢什么运动？

B：打乒乓球和踢足球。

A：我不会踢足球，可是喜欢看足球比赛。

B：你喜欢滑冰和游泳吗？

A：我游泳游得不错，可是不会滑冰，真遗憾！

B：我滑冰滑得可棒了，到时候我也当你的老师吧。

A：有你当我的老师，那太好了。不过，今天你
　　得当我的学生，你可要不怕疼啊!
B：怎么? 打网球还要挨打吗?
A：哪能呢? 可是打网球能不摔跟头吗?
B：是啊，看来我得努力学习才行。

二、生　词
New Words

1.	运动	（名、动）	yùndòng	sport
2.	打	（动）	dǎ	to play
3.	网球	（名）	wǎngqiú	tennis
4.	教	（动）	jiāo	to teach
5.	最	（副）	zuì	the most
6.	笨	（形）	bèn	stupid, silly
7.	拿手	（形）	náshǒu	good at, an expert at
8.	乒乓球	（名）	pīngpāngqiú	ping-pong, table tennis
9.	踢	（动）	tī	to play (football), to kick
10.	足球	（名）	zúqiú	football, soccer
11.	比赛	（名、动）	bǐsài	match, competition

举行

奥林匹克

29

handwritten annotations: huaxue / hua sway — shiing / water shiing

12.	滑冰	huá bīng	skating
13.	游泳	yóu yǒng	swimming
14.	遗憾	(形) yíhàn	a pity, regretful
15.	棒	(形) bàng	very good and skillful
16.	怕	(动) pà	to be afraid of, to fear
17.	疼	(动) téng	hurt *ai guo laoshi shuo / crifisism*
18.	挨	(动) ái	to suffer *ai ma : suffer swearing*
19.	摔	(动) shuāi	to fall, to tumble *shuai yi ge gentou*
20.	跟头	(名) gēntou	(to have) a fall
21.	看来	(连) kànlái	it seems that...

三、注　释
Notes

1. 能教会你才是好老师啊

句中的"才"表示只有在某种条件下，或由于某种原因、目的，然后有某种结果、情况。课文中"能教会你"是评价好老师的条件。"才"的这种用法常常用在复句中。

Here 才 indicates that only under a certain condition or for a certain reason or purpose, would there come a certain result or a situation. In this sentence, 能教会你 is a condition to evaluate the teacher's ability. This usage of "才" often appears in a compound sentence.

(1)多锻炼，才能身体好。
(2)你们常来，我才高兴。

(3)水到0℃才结冰。

2. 打网球你很拿手了

"打网球"是一个动宾短语，在句中作主语，"你很拿手"是一个主谓短语，作句子的谓语。下面是动宾短语作主语的句子。

打网球 is a verb-object phrase used as a subject in this sentence. 你很拿手, a subject-predicate phrase, is the predicate of this sentence. In the sentences below, verb-object phrases serve as subjects.

(1)包饺子很麻烦。
(2)看足球比赛很有意思。

3. 谈不上拿手

在对话中，当对方称赞你时，为了表示自己还没有达到那个水平，或为了说明事情没有达到某种程度，可以说"谈不上""说不上"。"上"有达到的意思。

In a conversation, when praised, 谈不上、说不上 can be used as a reply to show that you have not reached the level for which you are praised, or you do not deserve such praise, "上" means a certain level has been reached.

(1)A：你的字写得真好。
   B：谈不上好，只是还整齐。
(2)A：你很喜欢喝酒吧?
   B：谈不上喜欢，不过可以喝一点儿。

4. 我游泳游得不错

动词或形容词后用"得"连接的说明动作或事物性质所达到

程度的补语，是程度补语。

If after a verb or an adjective, there is 得 which is followed by a complement to show how an action or a thing is done, and to what degree it reaches, this complement should be called a complement of degree.

     (1)他跑得很快。

     (2)他说得好极了。

     (3)我高兴得跳了起来。

例(1)、例(2)"很快""好极了"的否定式分别是"…得不快""…得不好"。

The negative form of 很快 (in 例(1)) and 好极了 (in 例(2)) should be … 得不快 and … 得不好。

如果有宾语，有以下两种句式：

If there is an object in the sentence, two kinds of patterns can be followed:

     (1)我学汉语学得很好。   (重复动词 to repeat the verb)

     (2)汉语我学得很好。   (把宾语提前 to put the

      我汉语学得很好。   object in front of the subject)

5. 你可要不怕疼啊

"可"在祈使句里有"必须这样"的意思，有时有劝导的意思。"可"后一般有"要""能""应该"等能愿动词，句末常常有语气助词。

In the imperative sentence, 可 means "must"; sometimes it shows persuasion. auxiliary verbs, such as 要,能,应该, are often used after 可, and an interjection is often put at the end of the sentence.

(1)下次再来，可要早一点儿啊！

(2)骑自行车可要小心啊！

(3)睡觉的时候可不能开窗户。

6.看来我得努力学习才行

"看来"在句子中作插入语，是根据客观情况推断的意思。同样的还有"看样子""看起来"等。

看来 is parenthetical expression in the sentence to show one's inference according to the situation.看样子、看起来 can be used in the same way.

(1)A：我买的这双布鞋又便宜又好。

B：看来你很会买东西。

(2)A：他已经六十多岁了，可是走得还很快。

B：看样子他身体不错。

(3)A：已经九点了，他怎么还不来呢？

B：看起来今天他不会来了。

四、练 习
Exercises

1.**用指定词语完成对话：**

Complete the dialogues with the words in brackets:

(1)A：你看我买的这张画儿怎么样？

B：＿＿＿＿＿＿，＿＿＿＿＿＿？(太)

A：我打算把这张画儿挂在我的房间里。

B：＿＿＿＿＿＿！(真 主意)

A：昨天张老师也看了这张画儿。

B：他一定也喜欢吧？

A：＿＿＿＿＿＿，他说很少看到这么好的画儿。(可

喜欢)

(2)A：＿＿＿＿＿＿＿？(真)

　　B：是啊，这么好的天气真应该去外面玩玩儿。

　　A：＿＿＿＿＿＿＿！(主意　太)

　　B：你说咱们去哪儿?

　　A：香山怎么样?＿＿＿＿＿＿＿！　(风景　…极了)

　　B：行，别忘了带照相机。

2. 根据指定内容，用下面的词语对话:

Make dialogues with the topics and words given below:

太…了　可…了　真　…极了　够…的

(1)看足球比赛。

(2)看工艺美术品展览。

(3)你什么运动最拿手?

(4)你汉语怎么说得这么好?

3. 模仿例句改写句子:

Rewrite the following sentences after the models:

例：安娜做这个菜做得非常好。

——→安娜做这个菜很拿手。

(1)我的老师写毛笔字写得非常好。

(2)我们非常喜欢吃中国的饺子，格林包饺子包得又快又好。

(3)他修车修得很好。

(4)游泳、滑冰、打网球这三项运动我游泳最好。

例：周末我们去颐和园的时候别忘了带照相机。

——→周末我们去颐和园，到时候别忘了带照相机。

(1)明天八点出发去参观，出发的时候叫一下小王。

(2)周末是格林的生日，到那天咱们送他一件生日礼物。

(3)星期日下午有足球比赛，到那天我们一起去看吧。

(4)我想下个月回国，回去的时候再给你写信。

例：这双鞋比较合适，可是不够舒服。
→这双鞋比较合适，可是谈不上舒服。
(1)这个职业还不错，不过不能说理想。
(2)你穿这件衣服只是合适，可不漂亮。
(3)他汉语说得还清楚，但是不够好。
(4)我认为这本书是很有意思的。

例：今天的天气去颐和园倒挺合适，只是风大点儿。
→今天的天气去颐和园倒挺合适，就是风大点儿。
(1)昨天玩得挺高兴，不过有点儿累。
(2)这件衣服真漂亮，只是太贵了。
(3)他身体倒没别的病，只是常感冒。
(4)我喜欢滑冰，不过怕挨摔。

4. 选择"得""要""会""能"或它们的否定式填空：
Choose from 得,要,会,能 or their negative forms to fill in the blanks:
(1)A：你____打字吗?
B：____打。
A：今天下午____打吗?
B：不行，安娜下午____来我这儿，所以我____来办公室，
我____在房间等她。
(2)他说好了____和我去看展览，怎么又____去了?
(3)你放心，明天早上六点出发，我____迟到。
(4)明天老王____坐早班车走，所以今晚____早点儿睡。
(5)他刚____滑冰，所以还____滑得很快。
(6)医生说木村还____再多休息几天，现在____上课。

35

5. 用下列词语组成带程度补语的句子:

Make sentences with complements of degree with the words given below:

例: 汉语　说　不错

——→格林汉语说得不错。

(1)滑冰　漂亮

(2)房间　打扫　干净

(3)病　　很重

(4)汉字　写　快

(5)足球　踢　棒极了

(6)明天　得　起　很早

6. 回答问题:

Answer the following questions:

(1)你喜欢什么运动?

(2)什么运动你比较拿手?

(3)你会滑冰吗? 在你的家乡可以滑冰吗? 滑冰的时候你摔过跟头吗? 你现在滑得怎么样?

(4)春、夏、秋、冬你参加什么运动?

(5)在你们国家妇女喜欢什么运动?

7. 谈谈你们国家的人最喜欢什么运动, 为什么。

Tell what kind of sports your people like best and why.

第五课 我跟你一起锻炼

一、课 文
Text

A：木村!

B：哟，是山田。你好!

A：你好! 好久不见了，你去旅行了?

B：没有。我母亲病了，回国看了看。

A：什么病? 现在怎么样了?

B：人老了，心脏不太好，现在好多了，已经出院了。

A：这就好。不过，你脸色不太好，是不是也病了?

B：前几天感冒了，一直没好。

A：去医院看了吗?

B：去了，现在还打针吃药呢。

A：你经常运动吗?

B：这么忙，哪有时间啊!

A：越忙越要锻炼。早上空气好，可以跑跑步，打打太极拳。经常锻炼锻炼就不容易感冒了。

B：现在太冷，明年春天再说吧。

A：我看，等你感冒一好就开始。我跟你一起锻炼。

B：不行啊，早上我起不来。

A：我去叫你，怎么样？

B：这么说，非锻炼不可了？

A：当然，锻炼很重要，身体不好，怎么能学习和工作呢？

二、生 词
New Words

1.	经常	（形）	jīngcháng	often
2.	哟	（叹）	yō	an interjection
3.	好久	（名）	hǎojiǔ	for a long time
4.	旅行	（动）	lǚxíng	to travel
5.	病	（动、名）	bìng	to fall ill, to be sick, illness
6.	回	（动）	huí	to return, to come back
7.	老	（形）	lǎo	old

8.	心脏	(名)	xīnzàng	heart
9.	出院		chū yuàn	to leave the hospital
10.	脸色	(名)	liǎnsè	countenance, complexion
11.	感冒	(名、动)	gǎnmào	to catch a cold
12.	一直	(副)	yīzhí	continuously, always
13.	打针		dǎ zhēn	to have an injection
14.	越…越…		yuè…yuè…	the more…, the more…
15.	锻炼	(动)	duànliàn	to have physical training
16.	空气	(名)	kōngqì	air
17.	跑步		pǎo bù	to do some running
18.	太极拳	(名)	tàijíquán	a kind of traditional Chinese shadowboxing
19.	容易	(形)	róngyì	easy, likely
20.	等	(动)	děng	to wait
21.	开始	(动)	kāishǐ	to begin, to start
22.	一起	(副)	yīqǐ	together
23.	叫	(动)	jiào	to call

24. 非…不可　　　**fèi...bùkě**　　　must, have to

wo fei qu changchang buke (handwritten)

25. 当然　（副）　　**dāngrán**　　　certainly

专　名

Proper Nouns

木村　　　　　**Mùcūn**　　　*name of a person*

山田　　　　　**Shāntián**　　　*name of a person*

三、注　释

Notes

1. 回国看了看

有些动词可以重叠使用。单音节动词的重叠式是"AA"，如"看看"；如果动作是未完成的，还可以说成"A一A"，如"看一看"；如果动作是已完成的，要说成"A了A"，如"看了看。"

Some of the verbs can be repeated in one sentence. The repeated form of a monosyllabic verb is AA, for instance 看看; If the action has not been finished, A一A can be used, for instance 看一看; If the action has been finished, A了A should be used, for instance 看了看.

双音节动词的重叠形式是"ABAB"，如"休息休息"，中间不能加"一"。

The repeated form of a disyllabic verb is ABAB, for instance 休息休息, and 一 can not be inserted.

动词重叠使用可以表示时间短或次数少。

The repeated verb form can indicate a short and quick action.

    (1)他笑了笑，没有说话。

    (2)他想了想，马上就回答出来了。

动词重叠可以表示尝试。

The repeated verb form can indicate an attempt or trial.

    (1)这个收音机修理修理还能用。

    (2)我用用这支笔，看看怎么样。

如果动词表示的动作是经常性的或没有确定时间的，动词重叠含有"轻松""随便"的意思。

If the action happens frequently or irregularly, the repeated verb form expresses a light and relaxed tone.

    (1)经常锻炼锻炼就不容易感冒了。

    (2)他有时候打打球、看看电影，生活得很愉快。

    (3)夏天游游泳，冬天滑滑冰，身体一定会健康。

2. 这么忙，哪有时间啊

这是一个反问句。反问不需要回答，是一种表示强调的方式。陈述句和各种疑问句都可以加上反问语气构成反问句。以否定形式出现的反问句是强调肯定，以肯定形式出现的反问句是强调否定。

It's a rhetorical question. A rhetorical question needs no reply and its function is for emphasis. Statement sentences and all question sentences can be used in rhetorical tone. A negative rhetorical question is used to emphasize an assurance, but an affirmative rhetorical one emphasizes the negative tone.

    (1)我哪知道这件事啊？（我不知道这件事）

(2)他怎么不知道呢?(他知道)

3. 越忙越要锻炼

"越A越B"表示在程度上B随A的加深而加深。

越A越B means the degree of B increases with A.

A和B的主语可以相同。

A and B can share the same subjects.

(1)风越刮越大。

(2)这本书我越看越爱看。

A和B的主语可以不同。

A and B can have different subjects.

(1)发音越难,我越要多练习。

(2)我越着急,他越不告诉我。

4. 这么说,非锻炼不可了

"非…不可"表示一定要这样。"非"后大多数是动词或动词短语,也可以用主谓短语或指人的名词或代词,有时还用能愿动词"得"。"不可"也可以换成"不行""不成"。

非…不可 means "must do something in this way." 非 often proceeds verbs, verbal phrases, subject-predicate phrases, nouns or pronoun for people. Sometimes the auxiliary verb 得 can be used after 非. In 非…不可, 不行 or 不成 can be used instead of 不可.

(1)听说妈妈要去看节目,她也非去不可。

(2)要想开好这个舞会,非得他来组织不可。

四、练 习
Exercises

1. 模仿例句改写句子:

Rewrite the following sentences after the models:

例: 你身体不好更应该锻炼。

→你身体越不好越应该锻炼。

(1)格林汉语说得比以前流利多了。

(2)你瞧，飞机飞远了。

(3)风比刚才刮得大多了，今天别出去了。

例: 我从去年开始天天打太极拳。

→我从去年开始一直打太极拳。

(1)我们从认识到现在是非常好的朋友。

(2)他很早就希望能到中国学习汉语。

(3)吃完饭以后，他除了看书没干别的。

(4)我很早就听说过他的名字，可是从来没见过他。

例: 母亲的病好了以后，我立刻回来了。

→母亲的病一好我就回来了。

(1)我刚进家门，就接到了朋友来的电话。

(2)我毕业以后，马上开始工作了。

(3)他吃完饭，立刻上班去了。

(4)他们家每到星期六都吃饺子。

例: 这样的事就得问小王。

→这样的事非问小王不可。

(1)今天的电影票卖完了，只能买明天的了。

(2)这么远的路,不能骑车去,得坐车。

(3)大夫说他的病必须休息。

(4)我请他留下,在我这儿吃饭,可是他一定要走。

2.选择词语填空:

Fill in the blanks with the proper words given below:

一直 再说 就 多了 非…不可 好久 容易 是不是 一
…就…

(1)再等一会,老张这____来。

(2)我们_____没出去散步了。

(3)格林从5点就____站在外面等朋友。

(4)A:天真热,下午我们去游泳吧?

B:下课以后____。

(5)他去外地已经好几天了,怎么还不来信?____病了?

(6)大夫让他好好休息,可他____去上课____。

(7)小王____接到家里的信____动身去上海了。

(8)早晨的空气比中午好____。

(9)天天锻炼身体就不____感冒了。

3.用动词重叠式造句:

Make sentences with the verbs in their repeated forms:

例:看——→你们都说这个电影不错,明天我也去看看。

听 打 叫 吃 研究 休息 修理

4.回答问题:

Answer the following questions:

(1)你以前得过病吗? 什么病?

(2)你认为经常锻炼身体是不是容易得病?

(3)你经常锻炼身体吗? 怎么锻炼?

(4)非常忙的时候,你怎么锻炼?

(5)来中国以后你也继续锻炼身体吗? 什么时候? 在哪儿锻炼?

5. 根据指定内容对话:

Make dialogues in the following contexts:

　　(1)旅行是我最喜欢的运动之一。

　　(2)今年暑假我们天天去游泳好吗?

　　(3)等你的病好了，咱们开始锻炼怎么样?

　　(4)没关系，起不来我叫你。

6. 谈谈你们国家的人怎样锻炼身体。

Tell how people in your country keep fit.

第六课　等车

一、课　文
Text

A：人真多呀，是不是好久没来车了？

B：可能。现在正是上班时间，人最多。

A：看样子，除了上班的人以外，好像有不少外地人。

B：听说北京每天的流动人口有100万，国外游客也越来越多。

A：真不得了，每次进城我最头疼的就是挤车。

B：现在还好一点儿，到了冬天，车更挤!

A：可不是吗! 冬天，一个人要占不少地方，大家在车里挤来挤去，真不容易。

B：等车有时也太费时间，像今天，等了半天，车也不来。

A：要是刮着西北风，冬天等车更受不了。

B：好像来车了，是331吧？

A：是，咱们上吧。

B：哟，里面挤得满满的。等下一辆吧。

A：下一辆不知道怎么样呢，还是挤吧。

B：恐怕挤不上去。

A：你看阴天了，好像要下雨。

B：可不能让雨淋了，那就挤上去吧。

二、生 词

New Words

1.	交通	（名）	jiāotōng	traffic
2.	可能	（副）	kěnéng	probably
3.	看样子		kànyàngzi	it looks as if, it seems
4.	除了⋯以外		chúle...yǐwài	besides, except for
5.	好像	（副）	hǎoxiàng	seem, to be like
6.	外地	（名）	wàidì	other parts of the country
7.	流动	（动）	liúdòng	mobile
8.	人口	（名）	rénkǒu	population
9.	国外	（名）	guówài	foreign country
10.	游客	（名）	yóukè	visitor, tourist
11.	不得了		bùdéliǎo	serious

12.	头疼		tóu téng	a headache
13.	挤	(动、形)	jǐ	to crowd, to pack
14.	占	(动)	zhàn	to occupy
15.	费	(动)	fèi	to waste
16.	半天	(名)	bàntiān	a long time, quite a while
17.	像	(动)	xiàng	such as, like
18.	要是	(连)	yàoshi	if
19.	西北	(名)	xīběi	northwest
20.	刮风		guā fēng	to blow
21.	受不了		shòubuliǎo	cannot bear, to be unable to endure
22.	满	(形)	mǎn	full
23.	恐怕	(副)	kǒngpà	I'm afraid, I think
24.	阴	(形)	yīn	cloudy
25.	让	(介)	ràng	*(to be used in the passive voice sentences for introducing the doer)*
26.	淋	(动)	lín	to be drenched with rain, to be

caught in rain

三、注　释
Notes

1. 现在正是上班时间

"正"在这里加强了肯定的语气。

正 here has a tone of stressing the affirmative.

　　(1)我找的正是他。

　　(2)正因为我身体不太好，才每天锻炼。

　　(3)正像你说的，汉语不太难。

2. 除了上班的人以外

"除了…(以外)"可以表示不计算在内("以外"可以省去)。

除了…(以外)　indicates that something is not included.
以外 can be omitted.

　　a.表示从总体中减去不同的部分以后，剩下的部分都相同。
后面常有"都""全"呼应。

　　a. The sentence with 除了…(以外)　has two parts. The
second part of the sentence is often used with 都 or 全 to ex-
clude what has been stated in the first part.

　　(1)除了他以外，我们都去故宫。

　　(2)除了生病，他每天都来上课。

　　(3)除了他不会游泳以外，我们全会游泳。

　　b.表示相同的关系。后面常有"还""也"等呼应。

　　b. The second part of the sentence often has 还 or 也 to
add something to what has been stated in the first part.

　　(1)我除了会游泳以外，还会滑冰。

(2)他除了喜欢体育以外，也喜欢音乐。

(3)我们除了星期日休息以外，星期六也休息。

c.后面用"没(有)""不"，强调唯一的事物或动作。

c. When the second part of the sentence has 没（有） or 不, it emphasizes the only thing or action in the first part.

(1)除了长城以外，别的地方我都没去过。

(2)除了星期六、星期日以外，每天我都不在家。

(3)星期日我除了洗衣服，做饭以外，不做别的事。

3. 我最头疼的就是挤车

"头疼"可以表示感到事情不好办，困难，可作定语、谓语。

头疼 can mean that something is difficult to do. 头疼 can be used as a modifier or a predicate.

(1)你看他那不高兴的样子，一定是遇到了头疼的事。

(2)他最头疼的是写汉字。

(3)这件事真让人头疼。

4. 在车里挤来挤去

"动+来+动+去"这样的用法表示动作反复进行。

The structure verb+来+verb+去 indicates the repetition of the action.

(1)这本书他看来看去不知道看过多少遍了。

(2)他在屋子里走来走去，大概在想什么问题呢。

(3)我想来想去，还是决定不去旅行。

5. 下一辆不知道什么时候才来呢

副词"才"可以表示认为行为动作实现得晚或经历的时间长，

还可以表示认为数量少。

The adverb 才 is used when thinking the action happened too late or was done too slowly, and when thinking the amount of something or the number of times for an act is small.

(1)等了半天，车才来。(晚 late)

(2)打了三次电话才找到他。(经历时间长 long duration)

(3)这件衣服才六块钱。(钱少 a small amount of money)

(4)长城我才去过一次，应该多去几次。(去的次数少 low frequency)

6. 恐怕挤不上去

副词"恐怕"表示估计和担心。

The adverb 恐怕 is a mild form used when making a statement that will be unwelcome, or making a supposition, sometimes with worry.

(1)已经这么晚了，恐怕没有公共汽车了。

(2)他两天没来上班了，恐怕是病了。

(3)看样子，恐怕要下雨。

7. 可不能让雨淋了

这句话意思是"咱们可不能让雨淋了"，是一个被动句。在汉语里，句子的主语是受事时，常常用介词"让""叫""给""被"引进施事者，组成被动句。用"让""叫"时必须有施事者，用"给""被"时施事者可有可无。"让""叫""给"比"被"口语化。

The sentence means "We should take care not to be caught in the rain". The sentence is in passive voice. In such sentences in Chinese, when the subject of the sentence is a re-

ceiver of the action, the doer of the action is often introduced
by prepositions, such as 让, 叫, 给, 被. If prepositions such as
让, 叫 are used, the doers of the action must appear in the pas-
sive voice sentence. If 给, 被 are used, the doers of the action
may appear or not appear in the sentences. Passive voice sent-
ences with the prepositions 让, 叫, 给 are more colloquial than
the ones with 被.

(1)他 叫／让 车撞了，快去看看吧。

(2)门 被／给 (风) 刮开了。

(3)他 叫／让 同学叫走了。

(4)他 被／给 (公司)派到国外去了。(派 pài　send)

8. 好像要下雨

副词"好像"可以表示估计。

The adverb 好像 is used when making a supposition.

(1)看样子，他好像病了。

(2)你看他又说又笑，好像很高兴。

"好像"还可以表示曾有过某种印象。

好像 can also mean to have an impression about some-
thing.

(1)我好像在哪儿见过他。

(2)那个书店好像卖过这种词典。

四、练习
Exercises

1. **用指定的词语完成对话:**

Complete the dialogues with the words given in brackets:

(1)A:_____。(阴　好像)

B:那我们别骑车去了，坐车去吧。

(2)A:格林今天怎么没来上课?

B:_____。(好像)

(3)A:明天我们去参观展览，格林知道不知道?

B_____。(好像)

(4)A:_____。(看样子)

B:很可能，现在都晚上12点了。

(5)A:331路汽车怎么这么多人?

B:_____。(看样子)

(6)A:都九点了，他怎么还没起床?

B:_____。(看样子)

(7)A:你说咱们四周能学完这本书吗?

B:_____。(恐怕)

(8)A:现在去食堂晚不晚?

B:_____。(恐怕)

(9)A:去旅游的事同学们都知道了吗?

B:_____。(恐怕)

2. **模仿例句改写句子:**

Rewrite the following sentences after the models:

例: 这星期我每天晚上都在家，只有星期五我得出去。

——→这星期除了星期五以外，我每天晚上都在家。

(1)今天只有格林没来上课。

(2)打网球我比较拿手，别的运动不行。

(3)我每天早晨跑步，下午还踢足球。

(4)他会汉语，还会英语和法语。

例：我最不愿意周末去商场买东西，太挤了。

——→我最头疼的是周末去商场买东西，太挤了。

(1)坐车这么挤，真叫人不舒服。

(2)这件事真难，不知道怎么办才好。

(3)旅行时，最难办的事是买车票。

(4)去那个地方最叫人不高兴的是坐车太不方便。

例：我们早上就知道他要来了，你怎么刚知道？

——→我们早上就知道他要来了，你怎么才知道？

(1)都10点了，他刚吃早饭。

(2)别人回来半天了，他怎么回来这么晚？

(3)别人都去教室了，他刚洗脸。

(4)他睡觉的时候，已经夜里1点了。

3.选择词语填空:

Fill in the blanks with the proper words given below:

费　看样子　半天　满满的　不得了　来　占　去　才　正

(1)我的书包呢？我找了____了。

(2)他为什么一个人____两个人的座位？

(3)在这个饭店里吃饭太____钱了。

(4)图书馆里的人总是坐得____。

(5)这小家伙在房间里跑____跑____，怎么也不累？

(6)这孩子感冒了，____不能去幼儿园了。

(7)星期日商店里的人多得____。

(8)我____要去叫格林，格林就来了。

(9)他说星期二去医院检查检查，可到今天＿＿去。

4. 用下面的词语造句：

Make sentences with the phrases given below:

挤来挤去　　走来走去　　找来找去

5. 回答问题：

Answer the following questions:

(1)来北京以后你坐过公共汽车吗？坐过地铁吗？说一说你等车坐车的情况。

(2)你去过的地方，哪儿的流动人口最多？

6. 谈一次旅行。

Talk about a trip you made.

第七课　好漂亮的自行车

一、课　文
Text

A：好漂亮的自行车！什么时候买的？

B：昨天刚买的，还是名牌货呢！

A：住在大城市里，有辆自行车，上街就方便多了。

B：也许骑车比坐公共汽车还快呢！

A：有一次我坐车，玛丽骑车，我们约定在百货大楼门口见，你猜结果怎么样？

B：你换了两次车，满头大汗赶到那儿的时候，她已经吃了好几根冰棍儿了。

A：一定是她告诉你的！

B：我想北京骑自行车的人很多，坐车难也是一个重要的原因吧。

A：听说很多家庭，差不多每人都有一辆自行车。

B：中国大概是自行车最多的国家吧?

A：是的。刚来的时候,看到街上那么多自行车,我觉得很惊奇。

B：我父亲挺喜欢骑车, 他还打算明年来"自行车王国"骑车呢。

A：我也打算买一辆。你这个牌子的还有吗?

B：有是有, 可是不多了。你赶快去吧。

A：除了这种以外, 还有别的名牌车吗?

B："飞鸽"和"永久"也很有名。

A：我马上就去买。要是我买到了车, 这个星期天咱们骑车去圆明园吧。

B：行啊。

二、生 词
New Words

1. 刚	(副)	gāng	just, exactly
2. 有名	(形)	yǒumíng	well-known, famous
3. 牌子	(名)	páizi	brand, trademark
4. 货	(名)	huò	goods, commodity

5.	城市	（名）	chéngshì	city
6.	上街		shàng jiē	to go to town, to go shopping
7.	方便	（形）	fāngbiàn	convenient
8.	也许	（副）	yěxǔ	propably, perhaps, maybe
9.	骑	（动）	qí	to ride
10.	约定	（动）	yuēdìng	to appoint, to arrange
11.	百货大楼	（名）	bǎihuò dàlóu	department store (Here it means Beijing Department Store.)
12.	门口儿	（名）	ménkǒur	entrance, doorway
13.	猜	（动）	cāi	to guess
14.	赶	（动）	gǎn	to hurry
15.	根	（量）	gēn	a measure word
16.	冰棍儿	（名）	bīnggùnr	ice-lolly, ice-sucker
17.	一定	（副）	yīdìng	certainly
18.	原因	（名）	yuányīn	reason
19.	差不多		chàbuduō	almost, nearly
20.	觉得	（动）	juéde	to feel, to think

_handwritten annotations:
- next to 10: verb; verb/noun "yuehui date m/f friend"; "Time, Place, What"
- next to 14: "neng gan shang huo che"; "maogan shang gan bu shang (haven't missed)"_

21.	惊奇	（形）	jīngqí	surprised, surprising
22.	挺	（副）	tǐng	quite, rather
23.	打算	（动、名）	dǎsuàn	to intend, to plan
24.	王国	（名）	wángguó	kingdom
25.	赶快	（副）	gǎnkuài	quickly, at once

专 名
Proper Nouns

玛丽		Mǎlì	name of a person
飞鸽		Fēigē	Flying Pigeon (brand of a bicycle)
永久		Yǒngjiǔ	Forever (brand of a bicycle)
圆明园		Yuánmíng yuán	Garden of Perfection and Light

三、注 释
Notes

1. 好漂亮的自行车

"好＋形","好"可以表示程度深，含有感叹的语气。

The structure 好＋adj. indicates that the degree of something has reached a certain high level. It implies an exclamatory tone.

(1)好冷的天气啊!

(2)大街上好热闹。

(3)昨天好晚我才睡。

2. 什么时候买的?

这句话还可以说成"是什么时候买的?""(是)…的"表示动作已经发生,可以用来说明动作发生的时间、地点、方式等。"是"在肯定句中可以省略，在否定句中不能省略。

The sentence can be said 是什么时候买的? The structure (是)…的 can indicate that the action has already happened. The structure lays more stress on the time when the action happens, the place where the action takes place, or the way the action occurs. In negative sentences, 是 cannot be omitted.

(1)我（是）八点来的。(时间)

(2)我（是）骑自行车来的。(方式)

(3)我的钱包不是在公园丢的。(地点)

如果动词有宾语，宾语是受事，宾语一般在"的"后。

If an object follows the verb and is the receiver of the action, the object is generally placed after 的。

(1)我（是）在王老师家吃的饺子。

(2)他不是在中国学的汉语。

如果宾语是处所词，在"的"前后均可。

If the object is a word indicating a location, it can be placed either before or after 的。

(1)我（是）八点来的教室。

　我（是）八点来教室的。

(2)我不是坐汽车去的长城。

　我不是坐汽车去长城的。

3. 昨天刚买来

"来"在动词"买"后，是简单趋向补语，表示动作是向着说话人的方向进行的。反之，表示动作是背着说话人的方向进行的，要用"去"。

来，after the verb 买，is the simple directional complement. It indicates that the action is coming towards the direction of the speakers. If the action is away from the speakers's direction, 去 would be used after the verb.

(1)他从楼上下来了。(说话人在楼下)

(2)我马上就下去。(说话人在楼上)

如果有宾语，宾语是表示物的，位置比较自由，一般放在补语之后，也可放在动词和补语之间。

If there is an object indicating something, the object can be put either between the verb and the complement, or after the complement.

(1) ｛ 我给他拿一支铅笔来。
　　我给他拿一支铅笔。

(2) ｛ 他带一本书来。
　　他带来一本书。

如果宾语是表示处所的，宾语只能在动词和补语之间。

If the object indicates location, the object can be placed only between the verb and the object.

(1)我下楼去。

(2)你进屋来吧。

4. 我父亲挺喜欢骑车

动词短语"骑车"在这里作动词"喜欢"的宾语。有些表示心里状态的动词常带有动词短语宾语。另外,"进行""开始""继续"等动词也常常有动词短语宾语。

The verbal-phrase 骑车 is the object of the verb 喜欢. Verbs indicating emotions often have verbal-phrase object. Some other verbs, such as 进行,开始,继续, etc., also have verbal-phrase object.

(1)我希望早点儿接到妈妈的信。

(2)病好了以后,他继续锻炼身体。

(3)去年我才开始学汉语。

5. 有是有,可是不多了

在对话中,当表示同意对方的意见,又补充一些不同意见时,可用这种"A是A,可是(不过)…"的方式表达。

The structure A是A, 可是(不过)…… shows one's agreement with the speakers's opinion in general, but at the same time, some disagreement is also expressed.

(1)A: 你喜欢骑自行车吗?

  B: 喜欢是喜欢,不过现在我没有自行车。

(2)A: 你看这件衣服漂亮吗?

  B: 漂亮是漂亮,可是你穿有点儿短。

四、练习
Exercises

1. 回答问题:

Answer the following questions:

(1)你会骑自行车吗? 是什么时候学会的?

(2)来中国以后你骑过自行车吗?

(3)为什么中国的大城市骑车的人特别多?

(4)为什么说中国是"自行车王国"?

2. 模仿例句改写句子:

Rewrite the following sentences after the models:

例: 这种衬衫还有,但是不多了。

——→这种衬衫有是有,但是不多了。

(1)坐出租车挺快的,只是太贵了。

(2)这本书有意思,就是生词多点儿。

(3)下午格林来,不过可能晚点儿。

(4)坐公共汽车去那儿可以,就是等车的时间太长。

3. 用指定的词回答问题:

Answer these questions with the words given in brackets:

(1)A:快十点了,他怎么还在吃早饭呢?

　　B:＿＿＿＿＿＿＿＿＿＿。(刚)

(2)A:小家伙的病怎么样了?

　　B:＿＿＿＿＿＿＿＿＿＿。(刚)

(3)A:你的钢笔呢? 借我用用,好吗?

　　B:你自己去拿吧。要是桌上没有,＿＿＿＿＿。(也许)

(4)A:他怎么这么早就睡了?

　　B:＿＿＿＿＿＿＿＿＿。(也许)

(5)A:这是我昨天刚买的毛衣,你看怎么样?

B：＿＿＿＿＿＿＿＿。(觉得)
(6)A：你为什么经常骑车上班？
　　B：＿＿＿＿＿＿＿＿。(觉得)
(7)A：你什么时候回家乡看看？
　　B：＿＿＿＿＿＿＿＿。(打算)
(8)A：他为什么迟到了？
　　B：＿＿＿＿＿＿＿＿。(一定)
(9)A：小王，听说今天是你的生日。
　　B：你怎么知道的？＿＿＿＿＿。(一定)

4. 根据指定内容，用下面的词语对话：
Make dialogues with the words and topics given below:
也许　猜　是…的　一定　挺　还
　例：妈妈送我一条裙子
　　A：你的这条裙子真漂亮！你穿还挺合适。
　　B：是吗？你猜是谁送我的？
　　A：你母亲？
　　B：对了，她是在我20岁生日那天送的。是在美国最好
　　　　的一家商店里买的。
　　A：这么说，你母亲一定很喜欢你。
　　B：也许吧。
　(1)我的书包不见了。
　(2)我去看格林了。
　(3)护照不见了。
　(4)昨天我们去看京剧了。

5. 选择词语填空：
Fill in the blanks with the words given below:
刚　原因　名牌货　快　差不多　一定　来　去　有名　约定
　(1)开会吧，人们＿＿都到了。

(2)这小家伙____是他的孩子，长得跟他一样。

(3)坐汽车____是____，就是等车时间太长。

(4)你____来，为什么现在就要走？

(5)他八点从家里出____，可能到机场接朋友____了。

(6)她好像哭了，你知道是什么____吗？

(7)你看，小王买____一个照相机。

(8)这个工厂生产的自行车真够____的。

(9)我们____我生日那天他来我家做客。

⑽你说这东西是____？我看不太像。

6. 选择正确的词语填空:

Fill in the blanks with the proper words given in the brackets:

(1)昨天我去他房间的时候，你____他正在干什么呢？(认为 觉得 猜 想)

(2)格林每天_____锻炼身体____。(非…不可 除了…以外 够…的 越…越)

(3)他来电话，告诉我有急事，叫我____去他那儿。(一定 赶快 还是 到时候)

(4)____要好好休息。(不好的心脏 心脏不好 心脏)

(5)____车还是名牌呢！(他骑来 他骑的 他骑来得 他骑得)

(6)____不太容易。(唱英文歌好 唱得好英文歌 唱好英文歌 唱英文歌唱得好)

(7)他们都喜欢____。(吃我做的饭 吃我做饭 吃我做得饭 吃饭)

(8)我去参加____比赛。(一个很重要的足球 很重要的一个足球 一个足球很重要的 重要足球)

7. 谈谈骑车的优点和缺点。

Talk about advantages and disadvantages when travelling by bike.

第八课　我想她更喜欢跳舞

一、课　文
Text

A：今天晚上有文艺演出，你去不去看？

B：我已经答应小岛一起去参加舞会了。

A：真遗憾，听说有不少名演员上场呢。

B：真的吗？

A：当然，我骗过你吗？

B：我既想跳舞，又想看演出，怎么办呢？

A：还是看演出吧。

B：我得跟小岛商量商量。

A：小岛是你的同屋吗？

B：不，她住在隔壁。

A：噢，就是那个眼睛大大的姑娘吗？她喜欢跳
　　舞？

B：对，她钢琴也弹得不错。

A：她既喜欢跳舞，又会弹钢琴，我想她一定也

喜欢看文艺演出。

B：我想她更喜欢跳舞。

A：为什么？

B：她妈妈以前是舞蹈演员，她常常跟妈妈学跳舞。

A：怪不得呢。想起来了，我看过她跳舞，跳得是好。

B：我们现在就去问问她，听听她的意见。

A：瞧，那是谁来了？

B：太巧了，正是她！

二、生词

New Words

1.	文艺	（名）	wényì	literature and art
2.	跳舞		tiào wǔ	to dance
3.	演出	（动、名）	yǎnchū	to perform
4.	答应	（动）	dāyìng	to promise
5.	参加	（动）	cānjiā	to take part in
6.	舞会	（名）	wǔhuì	a dance party
7.	演员	（名）	yǎnyuán	performer
8.	上场		shàng chǎng	to appear on the stage

68

9. 骗	(动)	piàn	to cheat, to deceive
10. 既…又…		jì…yòu…	both...and...
11. 跟	(介)	gēn	with
12. 商量	(动)	shāngliang	to discuss, to consult
13. 同屋	(名)	tóngwū	roommate
14. 隔壁	(名)	gébì	next door
15. 噢	(叹)	ō	an interjection
16. 姑娘	(名)	gūniang	girl
17. 钢琴	(名)	gāngqín	piano
18. 弹	(动)	tán	to play
19. 为什么	(代)	wèishénme	why
20. 舞蹈	(名)	wǔdǎo	dance
21. 怪不得		guàibude	no wonder, so that's why
22. 意见	(名)	yìjiàn	idea, opinion
23. 那边	(代)	nàbiān	over there
24. 巧	(形)	qiǎo	coincident, happening by chance
25. 正(是)	(副)	zhèng(shì)	just, right

专 名
Proper Noun

小岛　　　　　　Xiǎodǎo　　　name of a
　　　　　　　　　　　　　　　　person

三、注　释
Notes

1. 听说有不少名演员上场呢

"听说"的宾语是一个带"有"的兼语句。表示存在。另外，兼语句还有表示使令意义的，第一个动词一般用"请""让""叫""使"等；还有表示称谓或认定意义的，第一个动词一般用"叫""选""认"等。

The object of 听说 is a pivotal sentence with 有.It indicates that something exists. Generally speaking, verbs indicating request, command, etc. such as 请,让,叫,使，etc. are often used as the first verb in a pivotal sentence. Other verbs indicating addressing, confirmation or selection, such as 叫,选,认，etc. are also used as the first verb in a pivotal sentence.

(1)门口有一辆自行车是谁的？
(2)小岛请我去跳舞。
(3)我们选她作我们大家的代表。

2. 我骗过你吗？

"动词＋过"表示曾经有过某种经历，所以只能用于过去，否定式是"没·(有)＋动词＋过"，如果有宾语，宾语在"过"后边。句中常有"从前""以前""过去"等时间词作状语。

Verb＋过 indicates that one has already undergone a certain experience. This structure is only used for the past action. Its negative form is 没（有）＋verb＋过. If there is an object, the object is after 过. In such sentences, adverbs of time, such as 从前,以前,过去, etc. often appear.

(1)以前我没去过长城。

(2)我小时候学过一点儿汉语。

句中用了表示经验的"过"就不再用语气助词"了"。如果语气助词"了"前有"过",这个"过"就不是表示经验的,而是表示动作完成的,相当于动态助词"了"。

In general, in a verb＋过 sentence, the interjection 了 is not used. If there is a 了 in a verb＋过 sentence, the 过 does not indicate the experience, but indicates a completed action. It functions as the aspectual particle 了.

(1)你吃过饭了吗?

(2)这个电影我看过了,,不想再看了。

3. 我既想跳舞，又想看演出

"既…又（也）…"可以连接并列关系的词，也可以连接并列关系的短语。

既…又（也）…can link words or phrases with compound relation.

(1)那个演员既漂亮，演得又好。

(2)我既不会抽烟，也不会喝酒。

(3)这次到中国,我既学了汉语,又游览了不少名胜古迹。

4. 还是看演出吧

副词"还是"可以表示通过比较而有所选择。

The adverb 还是 indicates the choice after the comparison.

(1)A：咱们明天去看足球比赛好吗？

B：还是星期天去吧！明天得去公司。

(2)A：听说颐和园现在有很多荷花，咱们星期天去看荷花吧！

B：看荷花还是去圆明园吧！

5. 眼睛大大的姑娘

形容词可以重叠使用，单音节形容词的重叠式是"AA"，双音节形容词的重叠式是"AABB"。形容词重叠作定语和谓语具有描写作用，作状语和补语可以表示程度深。

Adjectives can be used in a repeated way. The repeated-way of a monosyllabic adjective is AA. The repeated-way of a disyllabic one is AABB. Repeated adjectives acting as an adjective or a predicate have a descriptive function, if acting as an adverbial or a complement they indicate a high level of degree.

(1)那棵高高的树上有一只雪白的小鸟。

(2)我要穿得漂漂亮亮的，高高兴兴地过新年。

(3)那间屋子干干净净的，舒服极了。

能重叠的形容词大多是日常生活中常用的。有些形容词不能重叠，如"美丽""困难""重要"等。

Adjectives that can be used in a repeated-way are, in most cases, those used in everyday life. Some, however, such as 美丽,困难,重要 can not be used in this way.

6. 怪不得

表示明白了某一事实或情况发生的原因，不再觉得奇怪。前后常有表示原因的语句。

It indicates an understanding of the reason for a fact or situation, and one no longer feels puzzled. Before or after 怪不得, there is often a sentence to indicate the cause.

(1)怪不得发音这么好呢! 原来他在中国学过汉语。

(2)A：小李住院了。

　　B：怪不得这几天没见他。

(3)A：今天真凉快!

　　B：昨天晚上下雨了。

　　A：怪不得呢!

7. 想起来了

"起来"充当趋向补语，可以表示通过动作使事物由分散到集中。"想起来"是使记忆恢复，使记忆中的事物又集中到脑海中的意思。

起来, a complement of direction, indicates that separate things come together by the action. 想起来 means that one remembers someting that one forgot before.

(1)请你把这些东西收起来，我要在这儿看一会儿书。

(2)他把那几本书包起来了。

8. 跳得是好

"是"可以表示肯定，有"的确""实在"的意思。当"是＋形"中的形容词没有修饰语时，"是"一般都重读。

The word 是 here means really or indeed. In the structure

是 + adj. with no modifier in front of the adjective, 是 is often stressed.

(1)她钢琴弹得是不错, 我听过。

(2)北京的自行车是多。

(3)这个歌是好听, 我很爱听。

四、练 习
Exercises

1. 回答问题:

Answer the following questions:

(1)你经常看文艺演出吗? 是外国的还是你们国家的?

(2)你最喜欢看什么文艺演出?

(3)你最喜欢什么艺术, 音乐、舞蹈还是绘画?

(4)在艺术方面, 你什么最拿手? 你参加过比赛吗?

2. 模仿例句改写子:

Rewrite the following sentences after the models:

例: 今天的舞会你去吗?

——→ 今天有舞会, 你去吗?

(1)我们去参观那儿的展览, 好吗?

(2)你看不看学校演的电影?

(3)昨天电视里的京剧你看了吗?

(4)格林参加学校的游泳比赛吗?

例: 小王会说英语, 也会说法语。

——→ 小王既会说英语, 又会说法语。

(1)安娜懂音乐, 也懂美术。

(2)听说他的女朋友很漂亮, 也很聪明。

(3)这些天他很忙, 也够累的。

(4)他汉语说的很流利，也很准确。

例：房间打扫得很干净。
→房间打扫得干干净净
(1)他非常轻地关上门走了。
(2)人们安静地坐在座位上，等着电影开演。
(3)你瞧，那边来了一个漂亮姑娘。
(4)你说的话我听得很清楚。

例：我正要去叫你，你就来了。
→真巧（太巧了），我正要去叫你，你就来了。
　　昨天我去你家的时候，你出去了。
→真不巧（太不巧了），昨天我去你家的时候，你出去了。
(1)我在去他家的路上遇见了他。
(2)我想叫他和我一起去看这个电影，可他看过了。
(3)安娜买的这件毛衣我挺喜欢，我去买时已经卖完了。
(4)教我汉语的李老师也教过我朋友。

3. 用指定词语完成对话：

Complete the dialogues with the words given in brackets:

(1)A：刚五点，你怎么就起床了？
　　B：我去机场接朋友。
　　A：_____。(怪不得　早　起)
(2)A：你钢琴弹得怎么这么好？
　　B：我母亲是个钢琴家，我从五岁开始跟她学钢琴。
　　A_____。(怪不得　有　老师)
(3)A：格林呢？
　　B：去大使馆了。
　　A：_____。(怪不得　来　上课)

(4) A：今天没风，骑车去吧，坐汽车还得等。

　B：＿＿＿＿＿＿＿＿＿。(离　远　还是　坐)

(5) A：你别做饭了，太麻烦了，咱们出去吃吧。

　B：＿＿＿＿＿＿＿＿＿。(不　麻烦　还是　我　这儿)

(6) A：我去买吧，你在房间里等我，好吗？

　B：＿＿＿＿＿＿＿＿＿。(还是　一起　买)

(7) A：听说他不喜欢他的职业。

　B：对，＿＿＿＿＿＿＿。(职业　是　理想)

(8) A：你怎么了？好像不舒服。

　B：可能有点儿发烧，＿＿＿＿＿＿＿＿＿。(看来　是　病)

4. 根据指定内容，用下面的词语对话：

Make dialogues with the words and topics given below:

　怪不得　听说　又…又…　不过　过

例：　A：她跳舞跳得真好！她一定学过许多年。

　　B：可不，她从八岁开始学习跳舞。听说她是跟一个有名的舞蹈家学的。

　　A：怪不得呢，她跳得这么美。你知道吗？她钢琴弹得也很好。

　　B：知道，她也是那时学的。

　　A：她又学跳舞，又学弹钢琴，还要上课，每天一定够紧张的。

　　B：是的，不过她很聪明，学得都很好。

(1) 这张画是谁画的？

(2) 你为什么很喜欢听音乐？

(3) 你喜欢什么艺术？

5. 选词填空：

Fill in the blanks with the proper words given below:

那边　过　意见　换　答应　骗　上场

(1)_____的房间怎么一直没人住?

(2)他刚才摔得挺厉害，不能再_____参加比赛了。

(3)我们都认为今天去比较合适，你的_____呢?

(4)小家伙_____打了，因为他又_____他妈妈了。

(5)他_____老师明天不迟到了。

(6)以前我见_____你朋友的照片，现在他大学毕业了吗?

6. **根据下面的情景写（或说）出一段短文（或对话）。**

Carry on a conversation or write a paragraph according to the situation given below.

听说你最喜欢的名演员来你们城市演出了。票非常难买，不过你最后还是买到了。你盼演出这天早点到来。当你正要去剧场的时候，你发现票不见了。

7. **谈谈你们国家的老年人、青年人、孩子们最喜欢的艺术。**

Tell about the arts best loved by the aged people, the youth and the children in your country.

第九课　看电影学语言

一、课　文
Text

A：这部电影是最近拍的吧?

B：对，是一个挺有名的导演拍的。

A：我好久没看到这么好的电影了。

B：我喜欢它独特的风格。

A：那个女演员并不漂亮，但是有一种自然美。

B：演得也很出色。我认为她是一个性格演员。

A：她在中国有名吗?

B：谈不上有名，这是她拍的第二部电影。

A：看上去她确实挺年轻。

B：大概才20多岁吧。

A：她的声音也好听。

B：演她妈妈的是个老演员。

A：她们俩长得有点儿像，说不定真是母女俩。

B：我想不会那么巧。

A：我觉得看电影是学习语言的好方法，并且可以更好地了解中国。

B：是啊。对话听得懂吗?

A：有些话听不懂，常常是中国观众笑的时候，我不笑，我只是看着他们笑。

B：什么时候你能跟他们一起笑了，你的汉语就学好了。

A：就等着那一天吧!

二、生　词
New Words

1.	演	（动）	yǎn	to perform, to act
2.	出色	（形）	chūsè	excellent, remarkable
3.	部	（量）	bù	a measure word
4.	最近	（名）	zhuìjìn	recently, lately
5.	拍	（动）	pāi	to shoot (a film)
6.	导演	（名）	dǎoyǎn	director (of a film)
7.	独特	（形）	dútè	unique, distinctive
8.	风格	（名）	fēnggé	style

9.	自然	(形、名)	zìrán	natural, nature
10.	认为	(动)	rènwéi	to think, to consider
11.	性格	(名)	xìnggé	character, disposition
12.	确实	(形)	quèshí	really, indeed
13.	声音	(名)	shēngyīn	voice, sound
14.	好听	(形)	hǎotīng	nice to listen to
15.	俩	(数量)	liǎ	*a numeral-measure word (two)*
16.	像	(形)	xiàng	alike, taking after
17.	说不定		shuōbudìng	perhaps, maybe
18.	方法	(名)	fāngfǎ	method, way
19.	并且	(连)	bìngqiě	and, besides, moreover
20.	了解	(动)	liǎojiě	to understand, to find out
21.	对话	(名)	duìhuà	dialogue, conversation
22.	有些	(代)	yǒuxiē	some
23.	观众	(名)	guānzhòng	audience, spectator

三、注　释
Notes

1. 这是她拍的第二部电影

"第＋数量"表示序数。如"第一次""第二个星期""第五排座位"。有时数词本身也表示序数，可以不加"第"。如"九楼""三月六号""三年级"。

"第 ＋ a numeral-measure word" is an ordinal numeral, such as 第一次,第二个星期,第五排座位. Sometime a numeral itself can stand for an ordinal numeral, such as 九楼,三月六号, 三年级.

(1)我到北京第二天就认识了小王。

(2)第一节课是八点开始上。

(3)我住在三层306号，你来玩儿吧。

2. 看上去她确实挺年轻

"看上去"是从外表估计，打量的意思。作插入语。

The parenthesis 看上去 expresses one's estimation of somebody's or something's outward appearance.

(1)看上去她很累。

(2)她看上去很年轻，其实(qíshí　actually) 她已经是孩子妈妈了。

3. 大概才20多岁吧

"多"用在数量词后，表示不确定的零数。

The word 多 after a numeral-measure word indicates an indefinite number.

a.数词是十以上的整数时,"多"表示该整位数以上的零数。排列顺序为"数+多+量+名"。

a. If a numeral is a round number over ten, 多 indicates a number greater than the round number. The pattern should be a number+多+a measure word+a noun.

(1)我有20多本书。

(2)一年有300多天。

(3)从这儿到他家有200多公里。

b.数词是个位数或带个位数的多位数时,"多"表示个位数以下的零数。这时的排列顺序为"数+量+多+名"。

b. If a number is less than ten or a non-round number, 多 indicates a number smaller than ten. The pattern should be a number+a measure word+多+a noun.

(1)我在北京住了一个多月。

(2)我买这块表花了146块多。

(3)这件衣服得用两米多布。

量词是度量词、容器量词、时间量词或倍数时,名词前可以加"的"。

When the measure word indicates degree, capacity, a period of time or multiple, the word 的 can precede the noun.

(1)从这儿到他家有200多公里（的）路。

(2)这件衣服得用两米多（的）布。

(3)他在北京住了三年多（的）时间。

4. 长得有点儿像

副词"有点儿"用在动词或形容词前表示程度不深。"有点儿"可以说成"有一点儿"是"略微稍微"的意思。

The adverb 有点儿 is used in front of verbs or adjectives

to indicate a slight degree. 有点儿 means slightly or somewhat.

> (1)今天有（一）点儿热。
> (2)他说的话我有（一）点儿听不明白。
> (3)他为什么有（一）点儿不高兴?

5. 我觉得……，并且可以更好地了解中国

连词"并且"可以连接并列的动词、形容词和句子，表示进一层的意思。"并且"后边常常有"也还"。

The conjunction 并且 can link verbs, adjectives or sentences that have compound relation to express some further meaning. After 并且, 也 or 还 is often used.

> (1)那个演员有一种自然美，并且演得也很出色。
> (2)那条大街很干净，并且也很热闹。
> (3)学习汉语不但要努力，而且要有好方法。

6. 对话听得懂吗?

"听得懂"是动词带可能补语。它的否定式是"听不懂"。

"动词＋结果补语"和"动词＋趋向补语"的结构，要表示是否容许实现时，在动词和补语之间加"得"或"不"，构成可能补语，即"动词＋得/不＋结果补语/趋向补语"。

听得懂 is a verb that acts as a potential complement. Its negative form is 听不懂。

When expressing possibility of realization in the structure of verb＋complement of result or verb＋complement of direction, the word 得 or 不 should be used between the verb and the complement to make a potential complement. The structure should be verb＋得/不＋complement of result/direction.

(1)我坐在这儿，看不清楚黑板上的字。

(2)老师的话我都听得懂。

(3)路太窄，车开不过去。

(4)现在我脚疼，站不起来。

有些可能补语和动词结合得很紧，形成一个熟语性结构。如课文里的"谈不上""说不定"等。能带可能补语的动词大多数是单音节的。

Some potential complements link closely with verbs and become set phrases in colloquial speaking, such as 谈不上,说不定 in the text. In the sentences with potential complements, most of the verbs are mcnosyllables.

7. 就等着那一天吧

动态助词"着"用在动词后表示动作或状态的持续。

The aspectual particle 着 used after verbs indicates the continuance or continuity.

(1)他慢慢地喝着茶，跟小王说着话。

(2)这个房间的门关着，窗户开着。

(3)桌子上放着两本词典、一个本子。

在连动句中，"着"在第一个动词后，可表示第二个动作持续进行的方式。

In a sentence with verbal constructions in a series, 着 is put after the first verb to indicate how the second action continues.

(1)她拿着花等朋友。

(2)不要躺着看书。

(3)他笑着走过来了。

否定时用"没"，"着"保留。

没 is used in the negative form, in which 着 remains in its place.

　　(1)墙上没挂着那件衣服。

　　(2)门没关着，你进去吧。

四、练　习
Exercises

1. 回答问题:

Answer the following questions:

　　(1)你看过中国电影吗？看过几部？

　　(2)看中国电影时，你听得懂对话吗？

　　(3)你看过哪些国家的电影？你最喜欢哪国电影？

　　(4)你看中国电影能听懂多少？

2. 模仿例句改写句子:

Rewrite the following sentences after the models:

　　例：看样子你很健康。

　　——→看上去你很健康。

　　(1)她比较像父亲。

　　(2)格林最近身体不太好。

　　(3)他比去年老多了。

　　(4)你好像刚20岁。

　　例：你去看看这个电影吧，可能你会喜欢的。

　　——→你去看看这个电影吧，说不定你会喜欢的。

　　(1)让安娜试试这件衣服，很可能正合适。

　　(2)你尝尝我做的鱼，也许味道还不错呢。

　　(3)咱们去他的房间看看，恐怕他已经回来了。

　　(4)问问格林，也许他知道这件事。

例：他汉语说得很清楚，也很流利。

———→他汉语说得很清楚，并且很流利。

(1)客人到以前，他收拾好房间，还准备好了饭菜。

(2)她会跳舞，跳得还不错。

(3)她认识格林，他们还是朋友。

(4)他是这部电影的导演，也是这部电影的演员。

3. 用 "了""着""过" 填空并对话：

Fill in the blanks with 了, 着, 过, and carry on the conversation:

A：听说又上演＿＿＿一部新电影。

B：叫什么名字？

A：叫……, 格林说＿＿＿, 我想不起来＿＿＿。

B：格林是不是看＿＿＿这部电影？

A：好像看＿＿＿。

B：咱们去问问他，说不定电影还不错呢。

A：你还想看电影啊？你忘＿＿＿上次咱们一起去看电影，你看＿＿＿看＿＿＿，怎么了？

B：哈哈，我睡着＿＿＿。

A：那个电影一共一个半小时，你睡＿＿＿差不多一个小时。

B：我觉得那个电影里的对话太快＿＿＿，并且有的演员还说地方话。开始的时候，我听＿＿＿还行，以后就越听越难懂＿＿＿。我那时真不想看＿＿＿，可是你看得还挺认真，我只好坐＿＿＿等电影结束，坐＿＿＿坐＿＿＿，就睡着＿＿＿。

A：你睡了一会儿以后，你猜我干什么＿＿＿？

B：怎么你也睡着＿＿＿？

A：没有。那时我也听不懂了，可是看你睡得那么香，我没

86

叫你，我出去坐____一会儿，电影快结束的时候，我才
回来叫你的。

B：看来你也看不懂。

A：不过我没睡觉。这次你还想看，是不是又想在电影院里
睡觉？

B：哪能呢! 咱们去问问格林，要是电影里的对话不快，咱
们还是去看吧，可以练习听力。

A：好吧，这次就听你的。

4. 根据指定内容，用下列词语对话:

Make dialogues with the words and topics given below:

看上去　像　长得　确实　说不定　要是

例：A：这照片是谁? 是你妹妹吗?

B：不是，是我中学同学。

A：不过，你们俩确实挺象。

B：很多人都这么说，可她长得比我高多了。她现在是
个舞蹈演员。她跳舞跳得很美。

A：看上去她很年轻。

B：她最近正在北京演出，你想看吗? 说不定你也会喜
欢她跳的舞。

A：要是能弄到票，我当然去看。

B：好吧，我给你弄票。

(1)你哥哥看上去比你还年轻。

(2)她演得真好。

(3)我还要再看一遍这个电影。

5. 用 "v.着" 或 "v.着v.着" 改写句中划线部分:

Rewrite the underlined parts with "v.着" or "v.着v.着":

(1)格林收到朋友的一封信，<u>他看信的时候笑了</u>。

(2)他喜欢<u>站在一个地方</u>看书。

(3)安娜中午常常听音乐，<u>有时候听一会儿就睡着了。</u>

(4)昨天我骑车去买东西。<u>骑了一会儿，</u>听见有人叫我，我下车一看，是格林。

(5)你瞧那个小家伙，<u>滑得正高兴的时候，</u>摔了个大跟头。

6. 选词填空：

Fill in the blanks with the words given below:

性格　像　才　声音　俩　出色　风格　自然　方法　导演
观众　独特

(1)那个歌唱演员的＿＿真美，她唱的歌很有自己的＿＿。

(2)在这部电影里，她们演得很＿＿，真＿＿母女＿＿。

(3)他是一位＿＿的电影导演，拍过不少＿＿喜欢的影片。

(4)这小家伙的＿＿很像他父亲。

(5)现在快九点了，你＿＿起床。

(6)多听、多说是学习外语的好＿＿。

(7)他是一名年轻的导演，他＿＿的电影艺术风格很＿＿。

7. 介绍一位你最喜欢的演员或导演。

Tell about an actor (actress) or a director you love best.

88

第十课　汉字和中国画儿

一、课　文
Text

A：在中国，有的人字写得好，画儿也画得好，中国书法和绘画有什么关系呢？

B：听说很有关系。最早的汉字是一种简单的画儿，后来慢慢成了现在的文字。

A：那么说，简单的画儿越来越丰富，后来发展成了有民族特点的中国绘画，是吗？

B：是这样，汉字和中国画儿开始是一家，后来变成了两家。

A：中国有些书法家也是画家，有些画家的书法也很好。

B：中国书法和绘画用的笔、墨、纸一样，用笔的方法也差不多。

A：我最喜欢水墨画儿，虽然山、水、树、云都是用墨画的，可是美极了。

B：花鸟画儿也是这样。那些用墨画的花、鸟有
时候比红的、绿的还好看。

A：我们这儿每星期都有书法和绘画课，我真想
去试试。

B：谁想学可以去。不过先要学会用毛笔。

A：当然。我要把我的第一张画儿挂起来，以后
跟它比较。

B：我还要跟你比呢!

A：那太好了!

二、生　词
New Words

1.	画儿	（名）	huàr	painting, picture
2.	画	（动）	huà	to paint, to draw
3.	书法	（名）	shūfǎ	calligraphy
4.	绘画	（名）	huìhuà	drawing, painting
5.	关系	（名）	guānxi	relation
6.	简单	（形）	jiǎndān	simple, uncomplicated
7.	成	（动）	chéng	to become
8.	文字	（名）	wénzì	written language
9.	丰富	（形）	fēngfù	rich, plentiful

10.	发展	（动）	fāzhǎn	to develop
11.	民族	（名）	mínzú	nationality
12.	特点	（名）	tèdiǎn	distinguishing feature, trait
13.	变	（动）	biàn	to change
14.	墨	（名）	mò	ink
15.	水墨画儿	（名）	shuǐmòhuàr	ink and wash drawing
16.	虽然	（连）	suīrán	although, even if
17.	云	（名）	yún	cloud
18.	花鸟画儿	（名）	huāniǎohuàr	paintings of flowers and birds
19.	试	（动）	shì	to try
20.	毛笔	（名）	máobǐ	writing brush
21.	挂	（动）	guà	to hang, to put up
22.	比较	（动）	bǐjiào	to compare

三、注 释
Notes

1. 虽然山、水……都是用墨画的，可是美极了。

"虽然……可是（但是）……"连接表示让步关系的复句。"虽然"引出的分句表示承认某事实的存在，"可是（但是）"表示转折。

The co-ordinating conjunction, 虽然…可是（但是）…, is

used to link compound clauses of concession. The clause of 虽然 indicates the acknowledgement of the existing facts, 可是 (但是) expresses the concession.

(1)（虽然）已经是秋天了，可是天气还很热。

(2)他（虽然）年纪已有七八十岁了，可是身体很健康。

(3)汉字（虽然）很难，可是很有意思。

2. 我们这儿

"指人的名词或代词＋这儿/那儿"表示处所。

This pattern is personal nouns or pronouns＋这儿/那儿 to indicate locations.

(1)我的毛笔在小王那儿呢。

(2)我这儿有一张山水画儿，给你看看。

(3)你去过张老师那儿吗? 他有两只漂亮的小鸟。

3. 谁想学可以去

"谁"在这里是表示任何人。别的疑问代词也有同样的用法，如"什么""哪""怎么"等都可以表示"任何"的意思。

The word 谁 here indicates anybody. Other interrogative pronouns, such as 什么, 哪, 怎么, etc. can be used in this way.

(1)我什么都不想买。

(2)我第一次来北京，哪儿都没去过。

(3)你想怎么去都行，我骑自行车去。

4. 我要把我的第一张画儿挂起来

有"把"字的动词谓语句称作"把"字句。"把"的宾语从意念上讲与全句的谓语动词是动宾关系。

A predicate verb sentence with 把 is called a 把 sentence. The object of 把 is, in fact, the real object of the predicate verb in the sentence.

"把"字句有对事物（即宾语）进行处置以及说明处置结果（即，使事物移动位置、改变形状、受到影响等）的意思。

A 把 sentence expresses what the actions do to the things (the objects) or what the results of the actions are, such as moving the things to another place, changing the shape of the things or influencing the things.

(1)我开开门了。

我把门开开了。

(2)我喝了一瓶汽水。

我把那瓶汽水喝了。

(3)我想修好那辆自行车。

我想把那辆自行车修好。

"把"的宾语一般是说话人心目中已确定的，所以例(2)中的"一瓶"在"把"字句中改为"那瓶"；又因为"把"字句要说明对事物处置的结果，所以动词后一般带其他成分；主要动词须是有处置或支配意义的及物动词，像"有""在""是""来""去""知道"等动词不能作"把"字句的主要动词。

"把"字句的词序是：主语—把—宾语—动词—其他成份。

In general, the object of 把 is determined by the speaker or the doer, so in e.g. (2) 一瓶 is changed into 那瓶 in the sentence with 把. As it has been defined that the 把 sentence expresses the results of the actions: other elements often go after the main verbs. The main verb of the sentence should be a transitive one with the meaning of disposing or controlling. These verbs, such as 有、在、是、来、去、知道, etc., can not be used as the main verbs in the sentences with 把.

The structure of a 把 sentence should be "subject— 把 —object—verb—other elements."

在"把"字句中，能愿动词和否定副词都要放在"把"字前边。

In 把 sentences, auxiliary verbs and the adverbs for negative forms should be put before "把".

(1)你应该把这张画儿挂在墙上。

(2)别把刚买的自行车弄坏了。

四、练 习
Exercises

1. 根据课文回答问题:

Answer the following questions according to the text:

(1)中国书法和绘画有什么关系？

(2)书法和绘画用的什么是一样的？

(3)花鸟画儿画的是什么？你喜欢吗？

(4)来这儿以后，你上过书法和绘画课吗？你喜欢哪种课？为什么？

2. 把下列句子变成"把"字句:

Change the following sentences into 把 sentences:

(1)他骑走了我刚买来的自行车。

(2)他洗完衣服就睡了。

(3)格林收拾好他的房间以后，才去吃早饭。

(4)每天早上是妈妈叫他起来。

(5)足球被他忘在比赛场上了。

(6)墨被他们用完了。

3. 把下列句子变成被动句:

Change the following sentences into the passive voice:

(1)我的朋友拿走了我画的水墨画儿。

(2)大风刮走了他的帽子。

(3)谁借走了那本书？

(4)他把课本忘在饭店里了。

(5)第一中学请张老师去讲课了。

(6)在联欢会上他们没把那些啤酒喝完。

4. 根据下面的短文对话:

Make a dialogue out of the passage:

徐悲鸿是中国一位伟大的画家。他小时候就非常喜欢画画儿，九岁的时候开始跟父亲学中国画儿。

徐悲鸿喜欢画动物，特别是画马画得非常出色。他画的马十分逼真，看上去就像真的在跑，并且好像听得到马跑的声音。

他画画儿非常认真，有时候他为了画好一张画儿，多次到动物园去，认真研究、观察，一遍又一遍地画，直到自己满意。

5. 根据指定内容，选择下列词语对话:

Make dialogues with the words and contents given below:

中国画儿　风景画儿　山水画儿　花鸟画儿　人物画儿　书法
内容丰富　特点　风格　独特　自然　简单　发展　变成

(1)我们一起去看中国画展好吗？

(2)在书法课或绘画课上你学到了什么？

(3)这个画展你喜欢吗？

6. 用下列词语造句:

Make sentences with the words given below:

(1)虽然…，但是（可是）…

(2)和…一样

(3)发展

(4)变

(5)后来

7. 选择填空：

Fill in the blanks with the words in brackets:

(1)他以前来我这儿，_____再没来过。(后来　从来)

(2)今天我没空儿，_____有时间再和你一起去看他吧。(后来　以后)

(3)前几年我在上海见过他，听说_____他去南方了。(后来　以后)

(4)去年我来北京的时候他还在这儿，三个月_____他就出国了。(后来　以后)

(5)从现在到大学毕业我打算住在父母那儿，工作_____我准备住在公司的宿舍里。(后来　以后)

(6)他俩说话的声音挺_____。(好像　像)

(7)A:明天你跟我们一起进城吗？

B:要是_____今天这样的天气，我就去。(好像　像)

(8)秋天了，树叶慢慢地_____黄了。(发展　变)

(9)几年以前这个公司很小，后来_____得很快，成了一个有很多工厂的大公司了。(发展　变)

8. 谈谈你最喜欢的画家和他的画儿。

Tell about your most favorite painter and his/her paintings.

第十一课　方言和普通话

一、课　文
Text

A：你干什么呢?

B：正在等你呢!　你去哪儿了?

A：我去黄浦江边转了转。

B：离这儿不太远,怎么才回来?

A：刚才我迷路了,好容易才转回来。

B：打听一下儿不就行了。

A：他们说话我听不懂。

B：是啊,上海话不好懂。

A：以前我以为中国人说话都差不多呢。

B：中国各地有各地的方言,有些方言和普通话
相差很远。

A：噢,原来是这样。

B：比如"我""你",上海话怎么说,你知道吗?

A："我"和"你"还有别的说法吗?

B：是啊，上海话"我"是"阿拉"(ālā)，"你"是
　　"侬"(nóng)。

A：难怪我听不懂，和我们学的一点儿也不一
　　样。

B：别说你们不懂，就是许多中国人听起来也困
　　难。

A：王老师是上海人吧？

B：是，他虽然说普通话，可是仔细听，还是有
　　上海味儿。

A：那他说的就是上海普通话了？

B：外国人不容易听出来，中国人互相说话，大
　　概能知道对方是哪儿的人。

A：我们说汉语，中国人也一下子就能听出来是
　　外国人。

B：所以，不能只是穿得像中国人，还要说得像
　　中国人。

二、生　词
New Words

1.	江边	（名）	jiāngbiān	river-side
2.	转	（动）	zhuàn	to go for a walk
3.	离	（介）	lí	from

4.	刚才 （名）	gāngcái	just now
5.	迷路	mílù	to lose one's way
6.	好容易 （副）	hǎoróngyì	with great difficulty
7.	打听 （动）	dǎtīng	to ask about, to inquire about
8.	以为 （动）	yǐwéi	to think, to consider
9.	各 （指代）	gè	*a demonstrative word*
10.	方言 （名）	fāngyán	dialect
11.	普通话（名）	pǔtōnghuà	standard speech (spoken Chinese language)
12.	相差	xiāng chà	difference
13.	比如 （动）	bǐrú	for instance, for example
14.	说法 （名）	shuōfǎ	ways of saying a thing
15.	难怪 （连）	nánguài	no wonder
16.	仔细 （形）	zǐxì	careful, attentive
17.	味儿 （名）	wèir	(here) accent
18.	互相 （副）	hùxiāng	each other
19.	对方 （名）	duìfāng	the opposite side,

20. 所以　(连)　　suǒyǐ　　the other part
so, therefore

专　名
Proper Noun

黄浦江　　　　Huángpǔjiāng　Huangpu River

三、注　释
Notes

1. 正在等你呢

"正在＋动词"表示动作正在进行，也可以在句尾加语气助词"呢"。

The pattern 正在＋verb indicates the continuous tense of verbs. The word 呢 can be put at the end of such sentences.

(1)他正在看书。

他正在看书呢。

(2)他正在吃饭。

他正在吃饭呢。

用"正＋动词…＋呢"、"在＋动词…＋呢"或"动词…＋呢"也可以表示动作正在进行。

The patterns, such as 正＋verb...＋呢, 在＋verb…＋呢 or verb…＋呢, also indicate the verb in its continuous tense.

(1)他正看书呢。

他在看书呢。

他看书呢。

(2)他正吃饭呢。

他在吃饭呢。

他吃饭呢。

如果动作是发生在过去，也可以用上面的结构表示。

If the action happens in the past, these patterns can also be used to indicate the verb in the past continuous tense.

(1)昨天去他家的时候，他正（在）看书（呢）。

(2)那天我去找他的时候，他正（在）吃饭（呢）。

"正（在）＋动词"的结构还可以作定语。

The pattern 正（在）＋ verb can also be used as an attributive.

(1)正（在）看书的那个人是一个大学生。

(2)我正（在）吃饭的时候小王来找我。

2. 好容易才转回来

"好容易"也可以说成"好不容易"，都是"不容易"的意思。一般作状语，用来表示干一件事情很不容易但终于完成了，常和"才"连用。

The phrase 好不容易 has the same meaning as 好容易. Both indicate with great difficul y, and are generally used as adverbials to express that something is done finally though with great difficulty. The phrases are often followed by the word 才.

(1)她好容易才买到一双大小合适的鞋。

(2)我的自行车坏了，好不容易才修好。

(3)学滑冰可真难，我不知道摔了多少次，好不容易才学会。

3. 上海人说话不好懂

这里的"不好"是"不容易"的意思。"好"是"容易"的意思，同样的还有"好拿""好做""好念"等，都是用在动词前作状语。

The word 不好 means not easy (to do sth.), and the word 好 means easily. The word 好 can also be used before some other verbs, such as 好拿，好做，好念, etc. to act as adverbials.

(1)这个字笔划太多，不好写。

(2)下雨了，路不好走，小心点儿。

(3)包饺子好学吗? 我也想学。

4. 各地有各地的方言

这种句式，强调了主语本身的特点。

The structure lays more stress on the subject.

(1)你有你的办法，我有我的办法。

(2)一个人有一个人的习惯。

(3)每个民族有每个民族的特点。

5. 和我们学的一点儿也不一样

"一+量词+也（都）"或"一+量词+名词+也（都）"强调数量少，用在否定句中。

The structure 一 + a measure word + 也（都）or 一 + a measure word + noun + 也（都）stresses a small amount. It is used in a negative form.

(1)他旅行回来，一天也没休息，就来上课了。

(2)今天吃饭我一分钱也没花。

(3)来中国以前，我一个汉字都不认识。

6. 别说你们不懂，就是许多中国人听起来也困难。

"别说…就是…也…"是一个让步复句，用来证明前面的事实是无需说明的，是当然的。

别说…，就是…也… is a compound sentence of concession to express that the thing before one's eyes is obvious, with no need of explanation.

      (1)这个箱子太重了，别说你一个人，就是两个人也拿不动。

      (2)这个公园游人真多，别说星期日了，就是平时也不少。

7. 一下子就能听出来是外国人

"出来"充当趋向补语，可以引申为表示人或事物由隐蔽到显露。

The word 出来, used in the complement of direction, discloses the true indentification of a person on his intention of doing something.

      (1)前面那个人是谁？你认出来了吗？

      (2)他的话错在什么地方？你能听出来吗？

      (3)这个演员把剧中人物的性格演出来了。

四、练 习
Exercises

1. 模仿例句改写句子：
Rewrite the following sentences after the models:

    例：刚才我迷路了，转了很长时间才转回来。

    ——►刚才我迷路了，好容易才转回来。

(1)他说话太快，我听了半天才听懂一句。

(2)这本书我很喜欢，我去图书馆很多次才借到。

(3)买这张画儿的人真多，我挤了半天才买来两张。

(4)这个字不好读，我练了很多次才练会。

例：我刚下火车，他马上就看见我了。

──→我刚下火车，他一下子就看见我了。

(1)我让格林猜这张画儿是谁画的，格林立刻就猜对了。

(2)他今天累了一天，躺到床上，马上就睡着了。

(3)大家渴极了，买了很多汽水，很快就喝完了。

2. 回答问题:

Answer the following questions:

(1)来中国以后你去过哪些地方？那儿的人说话你听得懂吗？

(2)除了能听懂老师讲的普通话以外，你也能听懂北京人讲的话吗？

(3)你说汉语的时候，为什么中国人一下子就能听出来你是外国人？

3. 根据指定内容对话:

Make dialogues with the topics given below:

(1)你是从什么时候开始学习汉语的？

(2)谈谈你的汉语老师。

(3)谈谈你学习汉语的方法。

(4)谈谈你们国家学习汉语的情况。

4. 选择下面的词改写划线部分:

Choose the right words and rewrite the underlined parts:

转　一点儿也　仔细　难怪　打听　一下子

(1)他认为这个工作很不理想。

(2)你等我一下，我去问问飞机票好买不好买？

(3)我到外边去<u>走走</u>，要是有人来，让他等我一会儿。

(4)我们十几年没见了，昨天我去看他，他<u>立刻</u>就想起我来了。

(5)你<u>好好</u>看看这是格林写的汉字吗?

(6)<u>怪不得</u>你不知道，原来他们没告诉你这件事。

5. 选择填空:

Fill in the blanks with the words in brackets:

(1)＿＿你不在的时候，格林来过。(刚才　刚)

(2)安娜＿＿进家门就接到妈妈打来的电话。(刚才　刚)

(3)我还＿＿普通话和方言相差不大呢。(以为　认为)

(4)我＿＿很多南方人说普通话都有点儿南方味儿。(以为　认为)

(5)他们虽然住在一层楼上，可是是从来不＿＿＿＿说话。(互相　相)

(6)这件毛衣和那件＿＿比，我更喜欢这件。(互相　相)

(7)去颐和园，＿＿学校走比较方便。(从　离)

(8)学校＿＿颐和园不太远。(从　离)

6. 谈谈你学习汉语的情况。

Give a talk on your Chinese studies.

第十二课　汉字趣谈

一、课　文
Text

A：学汉语，你觉得什么最难?

B：当然是汉字了!

A：我觉得汉字像画儿，很有意思。

B：对我来说，可不是这样，一见到那么多"画儿"，我就没信心学下去了。

A：开始我也一样，可是现在我已经很喜欢写汉字了。

B：这几天我老想，不学汉字多好。

A：学汉语不学汉字怎么行呢?

B：可是左一笔，右一笔，老记不住。

A：有的汉字，一看就能明白是什么意思，比如"山""雨"。

B：让我看看。噢，知道了"山"上面不就是山峰吗?

A：对呀，你再看"雨"字里面有四个雨点儿。

B：可不是下雨了吗！

A：你看这个"飘"字，左边的"票"表示读音，右边的"风"表示意思。

B：是呀，有风，东西才会飘起来。

A：像"海""江""河""湖"都和水有关系，所以都有"三点水儿"。

B：那"木"字旁的大部分都和树有关系了？

A：是呀，一棵树是"木"，树多了就成了"林"了。

B：如果树再多呢？

A：那就是"森林"了。

B：像"想""急"都有"心"字，但是为什么"爱"字没有呢？

A：以前有（愛），现在的简化字没有了。

B：这么说，汉字并不难学，只要有信心，一定能学好。

二、生 词
New Words

1．趣谈　（名）　　qùtán　　　　interesting

				conversation
2.	对…来说		duì…láishuō	it is for (to) sb….
3.	一…就…		yī…jiù…	once…
4.	信心	(名)	xìnxīn	confidence
5.	记不住		jì bu zhù	difficult to memorize, hard to learn by heart
6.	山峰	(名)	shānfēng	mountain peak
7.	雨点儿	(名)	yǔdiǎnr	raindrop
8.	飘	(动)	piāo	to float
9.	读音	(名)	dúyīn	pronunciation
10.	表示	(动)	biǎoshì	to mean, to express
11.	意思	(名)	yìsi	meaning
12.	海	(名)	hǎi	sea
13.	江	(名)	jiāng	river
14.	河	(名)	hé	river
15.	湖	(名)	hú	lake
16.	大部分	(名)	dàbùfen	in most cases
17.	棵	(量)	kē	*a measure word*
18.	林	(名)	lín	woods, grove
19.	森林	(名)	sēnlín	forest
20.	急	(形)	jí	impatient, anxious
21.	爱	(动)	ài	to love

22.	简化字（名）	**jiǎnhuà zì**	simplified char- acters
23.	简化　（动）	**jiǎnhuà**	to simplify

三、注　释
Notes

1. 对我来说，可不是这样

"对…来说"表示从某人或某事的角度来看。

The phrase 对…来说 means to consider things from the direction of something or somebody.

　　(1)对一个刚开始学汉语的人来说，汉字是比较难。

　　(2)对京剧艺术来说，培养青年演员是很重要的。

2. 没信心学下去

"下去"充当趋向补语，可以表示动作继续进行。

The word 下去 serves as complement of direction indicating that the action will continue.

　　(1)这个节目真没意思，再演下去人就走光了。

　　(2)要想学好毛笔字就要坚持下去。

　　(3)他的意见很好，让他讲下去吧。

3. 这几天我老想不学汉字了

副词"老"是"一直"、"再三"的意思。

The adverb 老 means always, time and again.

　　(1)今年夏天老下雨。

　　(2)他老那么不高兴。

(3)他早上老不吃饭。

4. 左一笔，右一笔

"左…右…"表示动作从不同的方面交替进行，进行的次数多。

The phrase 左…右… indicates alternating actions from different aspects.

(1)过马路的时候他左看看右看看，觉得安全了才过去。

(2)小王向她求婚，她左想右想，还是没有同意。

(3)你看他骑车的样子，左一拐右一拐，一定是刚学。

5. 一看就能明白是什么意思

"一…就…"表示一种动作或情况出现后紧接着发生另一种动作或情况。

The phrase 一…就… indicates two actions linked closely, just after the first happens, the second follows.

(1)一到北京我就去看王丽了。

(2)他一喝酒就脸红。

(3)他一下飞机就受到了热烈的欢迎。

四、练 习
Exercises

1. 模仿例句改写句子：
Rewrite the following sentence after the models:

例：日本人学习汉字是比较容易的。

──→对日本人来说学习汉字是容易的。

(1)他发这个音比较困难。

(2)你的孩子现在学弹钢琴还太早。

(3)我当教师不太合适。

(4)他这么年轻的人，还不可能了解那么多事。

　例：他每次进城先去书店看看。

　──→他一进城就先去书店看看。

(1)每次学校演新电影，他都马上去买票。

(2)格林吃饭总是先喝两杯啤酒。

(3)请告诉安娜到北京马上给我来信。

(4)他听到妈妈生病的消息，立刻回国了。

　例：你怎么总是记不住我的住址?

　──→你怎么老记不住我的住址?

(1)我每次去他家，他差不多都不在。

(2)他有病，经常得吃药。

(3)这位老人常常来这个地方散步。

(4)我穿这双冰鞋怎么总挨摔?

2. 回答问题:

Answer the following questions:

(1)对你来说，汉字难吗?

(2)你认识多少汉字? 会写多少?

(3)你认识的哪些字和水有关系?

(4)你认识多少有"木"字旁的字? 请说一说。

(5)你还认识多少字的偏旁 (比如"木"字旁、"三点水儿"旁)?

3. 把下面的短文改成对话:

Rewrite the following passage into a dialogue:

最早的汉字──甲骨文

　　古代中国，离现在3000多年以前，有一种文字是刻在龟甲和兽骨上的，这就是甲骨文。

已经发现的甲骨文有近5000个字，可是知道意思的只有2000个左右。人们认真研究甲骨文，发现这种古代汉字，有它独特的发展历史。

甲骨文因为是刀刻的，所以笔画一般是直线，字的形状是方块形，今天的汉字不是还保留着这个特点吗！

4. 根据指定内容对话：

Make dialogues with the topics given below:

(1)你为什么要学习汉语？

(2)为什么对很多外国人来说汉字比较难？

(3)学汉字有没有比较容易的方法？

5. 用适当的趋向动词填空：

Fill in the blanks with the complements of direction:

(1)我刚才看见格林跑＿＿＿楼＿＿＿，拿＿＿＿＿＿几本书。(说话的人在楼上)

(2)他回家乡看父母＿＿＿了，并且带＿＿＿＿很多礼物。

(3)我接到朋友打＿＿＿的长途电话，他告诉我，他已经到上海了，让我明天去车站把他接＿＿＿＿＿。

(4)明天早上你起＿＿＿时，别忘了叫我一声。

(5)他看书时，喜欢在地上走＿＿＿走＿＿＿。

(6)我想＿＿＿＿＿了，护照叫我忘在小王的房间里了。

6. 解释带"."的词，并模仿造句：

Explain the word with "." below, then make a sentence with the word of that meaning:

(1)他身体很好，三年才得了一次感冒。

(2)现在才六点，他不会来这么早。

(3)你怎么才知道这件事？

(4)他天天锻炼身体，只有感冒的时候才休息。

(5)医生说，小王的病好了才能上班。

112

(6)经常锻炼身体就不容易得病。

(7)夏天去那儿旅游不错，就是热了点儿。

(8)你等一会儿，格林就来。

(9)这个字我见过几次了，还是记不住它的意思。

(10)A:我们一起去游泳怎么样?

B:今天我没空儿，还是明天去吧。

7. 谈谈学习汉语和汉字的方法。

Give a talk on methods of studying Chiinese and its characters.

第十三课 错了，我是幼儿园

一、课 文
Text

A：你去哪儿？

B：我去打电话。

A：我也去打电话，要出租（汽）车，咱们一起去吧。你注意过中国人打电话常说的话吗？

B：没有，我倒想知道知道。

A：中国人打电话先说："喂!"这是打招呼。

B：日本和欧美人打电话一般先向对方介绍一下"我是×××"，中国人呢？

A：中国人比较随便，可以先介绍自己，也可以先说"我找×××"，或者问："你是哪儿啊？"

B：现在在中国一般电话都是打到单位，再由总机转分机。

A：这样接错的时候就比较多，所以我想，先问问"你是哪儿啊？""你是×××吗？"好一些。

B：是，有一次我就闹了个笑话。

A：讲给我听听。

B：电话接通以后，我说："请找张红接电话。"等
了一会儿，电话里是个女人的声音："喂，我
是张红，你是谁呀？"我很奇怪。

A：为什么？

B：因为我找的张红是个男的。我忙问："你是四
楼吗？"

A：那边儿说什么？

B：她说："我是幼儿园。"

A：这可真有意思！

二、生　词
New Words

1.	错	（形）	cuò	wrong
2.	注意	（动）	zhùyì	to notice, to pay attention
3.	喂	（叹）	wèi	*an interjection*
4.	打招呼		dǎ zhāohu	to greet, to hail
5.	一般	（形）	yībān	in general
6.	向	（介）	xiàng	towards

115

7. 介绍	(动)	jièshào	to introduce
8. 随便	(形)	suíbiàn	random, informal
9. 找	(动)	zhǎo	to find, to look for, to speak to (for making a telephone)
10. 或者	(连)	huòzhě	or, either...or...
11. 单位	(名)	dānwèi	unit
12. 由	(介)	yóu	through, by
13. 总机	(名)	zǒngjī	telephone exchange, switchboard
14. 转	(动)	zhuǎn	to put (one) through to
15. 分机	(名)	fēnjī	extension
16. 闹笑话		nào xiàohua	to make a fool of oneself
17. 通	(动)	tōng	to get through
18. 女人	(名)	nǚrén	female
19. 奇怪	(形)	qíguài	strange, surprising

专名
Proper Nouns

| 欧洲 | Ōuzhōu | *Europe* |
| 美洲 | Měizhōu | *America* |

三、注 释
Notes

1. 用 "吗""吧""呢" 提问的疑问句:

The interrogative sentences with 吗、吧、呢:

a.在句尾用 "吗" 表示疑问。

a. The word 吗 is placed at the end of a sentence to indi-cate a question.

 (1)你结婚了吗?

 (2)你爱人也工作吗?

b.在句尾用 "吧" 表示疑问有揣测的语气。

b. A question with 吧 at the end shows conjecture.

 (1)两个人都工作,家里有不少困难吧?

 (2)孩子大概更喜欢妈妈吧?

c.在用疑问代词的特殊疑问句句尾可以用 "呢" 加强疑问语气。

c. The word 呢 can be used in special questions with in-terrogative pronouns to emphasize the questioning tone.

 (1)你怎么不知道呢?

 (2)他到底是哪儿不舒服呢?

 (3)小李要结婚了,该送他点儿什么呢?

有时,有一定的语言环境,"呢" 可以用在句尾或名词和名词

117

短语后表示疑问。

Sometimes, in a certain context of conversation, the word 呢 can be placed after nouns or noun phrases to indicate questions.

(1)听说外国不少妇女结婚以后就不工作了，你爱人呢?

(2)你们每天早晚接送孩子，如果刮风下雨呢?

"呢"还可以用在名词或名词短语后询问"在哪儿"。

呢 can also be used after nouns or noun phrases to ask where.

(1)我的本子呢?

(2)小张呢? 我等了他半天了。

2. 或者问……

"或者"表示选择，但只能用于陈述句，不能用于疑问句。疑问句用"还是"表示选择。

The word 或者 indicates making a choice. It can only be used in statements. In questions, the word 还是 is used to express the choice.

(1)我吃饺子，或者吃米饭，你呢?

(2)今天晚上或者明天下午，我去找你。

3. 再由总机转分机

"由"可以表示某事归某人去做。

The word 由 can be used to express that something done by somebody.

(1)这个房间由2号服务员打扫。

(2)故宫的情况由老王介绍，景山的情况由小李介绍。

(3)今天参观工厂的时候由我作翻译。

"由"还有"从"的意思。

由 also has the meaning of from or through.

(1)这么大的雨，他的衣服由外到里全淋湿了。

(2)这条大街由南向北，有十几公里长。

4. 我就闹了个笑话

"闹"在这里是"发生"的意思，用来表示不好的事或灾害的发生。

Here the verb 闹 means to take place; it is used to express a disaster or something undesirable.

(1)去年夏天雨水太多，有的地方闹水灾（shuǐzāi flood）了。

(2)听说他们俩闹矛盾（máodùn contradiction）了。

(3)他闹病了，怪不得这几天没看见他呢。

四、练 习
Exercises

1. **完成对话（打电话）：**

Complete these dialogues (make a telephone call):

(1)A：你是哪儿？

B：＿＿＿＿＿＿＿＿＿。

(2)A：你是图书馆吗？

B：＿＿＿＿＿＿＿＿＿。

A：请问张红在吗？

B：＿＿＿＿＿＿＿＿＿。

(3)A：你要什么地方？

B：＿＿＿＿＿＿＿＿＿。

(4)A：＿＿＿＿＿＿＿＿＿？

B：我是北京大学26楼。

(5)A：＿＿＿＿＿＿＿＿＿？

B：我找张红。

(6)A：＿＿＿＿＿＿＿＿＿？

B：我是张红。

(7)A：＿＿＿＿＿＿＿＿＿？

B：请转3244。

(8)A：＿＿＿＿＿＿＿＿＿？

B：请等一下儿，我去给你找。

2. 根据指定内容对话:

Make dialogues with the topics given below:

(1)打电话通知你的同学去参观画展。

(2)打电话要出租汽车。

3. 选词填空:

Fill in the blanks with the proper words below:

先　就　刚　正　才　还　老　可

(1)你今天怎么了？到现在＿＿吃第一顿饭。

(2)昨天我＿＿开着门，电话铃响了。

(3)真不巧，我＿＿还了那本书，小王＿＿来找我借。

(4)你怎么＿＿练习这一个字，可以练习下一个了。

(5)睡觉以前，他总是＿＿听广播。

(6)那个外国人的毛笔字＿＿好了，他的书法＿＿展览过呢。

4. 选择填空:

Choose the right word and fill in the blanks:

(1)打个电话还来得及，＿＿出发还有一个小时呢。（由　离　从）

(2)＿＿我们分手以后，我再也没见过他。（离　从　在）

(3)我们＿＿一起的时候，他总说笑话。（从　在　往）

120

(4)＿＿＿每一个人，他总是非常关心。(由　在　对)

(5)＿＿＿学校去的路上有一家大饭店。(从　离　往)

(6)每次班里组织的活动都＿＿＿格林通知大家。(对　由　跟)

(7)正在＿＿＿格林打网球的那个人是谁?(给　跟　对)

(8)来到学院以后，老师＿＿＿我们介绍情况。(对　给　由)

(9)昨天这个时候，我在＿＿＿妈妈写信呢。(对　给　跟)

(10)这儿＿＿＿饭店不远，我们走着去吧。(从　离　往)

(11)他打电话的时候，总是先＿＿＿对方介绍一下自己。(给　向　对)

5. 选择 "还是""或者""并且""虽然""可是" 填空:

Fill in the blanks with the right words:

(1)那个地方，我去是去了，＿＿＿没找到你说的那个书店。

(2)你晚上11点＿＿＿12点睡觉?

(3)一般来说，星期天我在家里看电视，＿＿＿和孩子去公园玩儿。

(4)医生让他多休息几天，他＿＿＿来上课了。

(5)妹妹生日那天，大家送她许多礼物，＿＿＿她只喜欢一件。

(7)我认识你说的那个人，＿＿＿跟他还是好朋友。

6. 回答问题:

Answer the following questions:

(1)中国人打电话的时候常说的话是什么?

(2)你们国家的人打电话的习惯跟中国有什么不同?

7. 叙述课文。(即把课文改成短文。)

Retell the text.(Change the text into a passage.)

第十四课　我一定转告

一、课　文
Text

A：喂，是清华大学留学生楼吗？

B：对，您找谁呀？

A：请找一下309房间的法国学生尼可。

B：好，请您等一会儿，我去叫他。

B：喂，对不起，尼可不在。您有什么事吗？如果您愿意的话，我可以转告他。

A：谢谢，请您告诉他，回来以后给我回个电话。我叫安娜。

B：您放心好了，我一定转告。

C：喂，是语言学院学十楼吗？

D：是，您找谁呀？

C：请让223房间的安娜同学接电话。

D：好，请您等一下。

A：喂，是尼可吗？今天下午你去哪儿了？我给你打电话你不在。

C：我看中国画展去了。有山水画、花鸟画，好看极了。你找我有什么事呀？

A：星期四是小王20岁生日，我们怎么给他祝贺祝贺呢？

C：这可是大事。明天下午我去找你，咱们商量商量吧。

A：你几点来？我等你。

C：四点怎么样？

A：好，明天见。

C：明天见。

二、生 词
New Words

1. 转告　（动）　**zhuǎngào**　to pass on (a message)
2. 留学生（名）　**liúxuéshēng**　overseas student
3. 如果　（连）　**rúguǒ**　if, in case
4. 愿意　（能愿）　**yuànyì**　to be willing, to

		wish
5. …的话	…dehuà	if
6. 告诉 (动)	gàosu	to tell
7. 放心	fàng xīn	to set one's mind at rest
8. 画展 (名)	huàzhǎn	art exhibition
9. 好看 (形)	hǎokàn	nice to look at
10. …极了	…jíle	extremely, extraordinarily, very
11. 祝贺 (动)	zhùhè	to celebrate
12. 大事 (名)	dàshì	an important thing

专名
Proper Nouns

| 清华大学 | Qīnghuá Dàxué | Qinghua University |
| 安娜 | Ānnà | *name of a person* |

三、注 释
Notes

1. 如果您愿意的话

"如果…的话"用在假设复句中，表示假设条件。可以只用"如果"，口语常用"要是"，也可以只用"…的话"，后面的分句常用"就"连接。

如果…的话 is used in a complex conditional sentence to indicate the condition. 如果 can be used in such sentences without …的话. 要是 or…的话 is often used in spoken language; the adverb 就 often precedes the next clause.

(1)如果明天刮风，我们就不去公园了。

(2)要是你喜欢这本书，就送给你吧。

(3)你不忙的话，就再坐会儿。

2. 您放心好了

"好了"用在句尾，表示委婉的语气，可用"吧"替换。

The word 好了 at the end of sentences indicates a mild tone. The word 吧 can be used instead of 好了.

(1)你爱喝这种啤酒就喝好了，不过别喝醉了。

(2)这本字典你用好了，现在我不用。

(3)他想去玩儿。就让他玩儿去好了。

四、练 习
Exercises

1. 完成对话：

Complete the following dialogues:

(1)A：喂，是北京大学吗？

B：_____？

A：_____。

B：请你等一下，我去叫他。

(2)A：喂，麻烦你找一下204房间的张红好吗？

B：_____。

A：谢谢，请您告诉她，今天下午四点在她的房间等我。

我叫安娜。

B：_____。

(3)A：喂，是尼可吗？你要的书我给你买到了。

B：_____。

A：你明天中午到我这儿来拿好吗？

B：_____。

(4)A：_____，你去吗？

B：太好了，什么时候出发？

A：_____。

B：明天下午四点我在北京站候车室等你。

A：_____。

2. 打电话：

Make telephones on the topics given below:

(1)找你的朋友商量周末郊游的事。

(2)请别人转告你的朋友，你不能参加晚会了。

(3)和朋友约定时间，一起去看一位老师。

3. 模仿例句改写句子：

Rewrite the following sentences after the models:

例：你从医院回家后，马上给我来个电话。

——→你从医院回家后，马上给我回个电话。

(1)收到我的信，请马上给我写封信来。

(2)请把这个条儿转交安娜，让她看了以后给我写个条儿。

例：请你放心，我会转告他的。

——→请你放心好了，我会转告他的。

(1)你先睡吧，我等他回来。

(2)明天参观的事，我通知他吧。

(3)有什么不清楚的地方，问一下尼可吧。

4. 选择填空:

Fill in the blanks with the right words given in the brakets:

(1)你刚才说____东西不见了?(哪儿　谁　什么)

(2)你知道我昨天给你打了____次电话吗?(什么　几　怎么)

(3)这么大的地方,我到____去找你?(谁　什么　哪儿)

(4)如果我买到机票,_____通知你呢?(哪儿　谁　怎么)

(5)他们终于见面了,____年来他一直盼望着这一天。(多少
　什么时候　哪)

(6)你____时候需要我帮助,就告诉我一声儿。(多少　哪　什
么)

5. 选择词语填空:

Fill in the blanks with the right words given:

好　回　接　好了　呢　可　愿意　转告　怎么

(1)小王让我____你,明天他不能和你一起去李老师那儿了。

(2)别说他不____去,就是____的话,他现在也不能去。

(3)喂,尼可不在他的房间里,他去机场____人去了。

(4)你让小李给我____个话儿,告诉我那样做行不行?

(5)我没时间陪你去买礼物了,你自己决定____。

(6)你又买礼物给我,太客气了,我____不希望你这样。

(7)出发的日期决定以后,我____通知你____。

(8)我第一次去那个地方,那儿真是____极了。

6. 谈一谈在你们国家,做哪些事情需要事先用电话联系。

Tell about the situations in which you have to make a
telephone call in advance.

第十五课　今天是个好天气

一、课　文
Text

A：你睡得真香啊，我跑步都回来了，你还不起来？

B：你总吵醒我，刚才我还在做梦呢。

A：做的什么梦？

B：梦见我在路上走，忽然又是打雷又是闪电，"哗哗哗"下起雨来了。

A：以后呢？

B：以后就是你把我吵醒了。

A：都八点了，你也该醒了。

B：今天是周末，起来也没事儿。

A：咱们去香山吧，听说枫叶全红了。

B：外面天气怎么样？和昨天一样冷吧？

A：今天有太阳，比昨天暖和一点儿。

B：听天气预报说，今天多云转阴，有小雨。

A：我看不会下雨的，要不你出去看看，今天可是个难得的好天气。

B：万一下雨，在山上躲都没地方躲。

A：那么我们就带上雨伞吧。下点儿雨，枫叶让雨一淋，那才漂亮呢!

B：那就走吧，我们得多穿点儿衣服，山上风大，挺冷的。

A：不过，现在你最好先做一件事。

B：什么事?

A：马上起床!

二、生词
New Words

1.	外面	(名)	wàimiàn	outside, out
2.	香	(形)	xiāng	sound(sleep), scented, appetizing taste or smell
3.	总	(副)	zǒng	always
4.	吵	(动)	chǎo	to make noises
5.	梦	(名、动)	mèng	dream
6.	忽然	(副)	hūrán	suddenly
7.	打雷		dǎléi	to thunder

8.	闪电	（名）	shǎndiàn	lightning
9.	哗	（象声）	huā	*an onomatopoetic word*
10.	该	（能动）	gāi	should
11.	周末	（名）	zhōumò	weekend
12.	枫叶	（名）	fēngyè	maple leaf
13.	全	（形）	quán	whole, entire
14.	太阳	（名）	tàiyáng	sun
15.	预报	（动）	yùbào	forecast
16.	难得	（形）	nándé	seldom, rare
17.	万一	（副）	wànyī	just in case, if by any chance
18.	躲	（动）	duǒ	to hide, to avoid
19.	带	（动）	dài	to bring, to take
20.	雨伞	（名）	yǔsǎn	umbrella
21.	马上	（副）	mǎshàng	at once, immediately
22.	起床	（动）	qǐ chuáng	to get up

三、注　释
Notes

1. 我跑步都回来了

"都"可以表示"甚至""或""已经"，轻读。"都"可以直接放在名词或名词性成分前组成副名结构。

The word 都 can indicate even or already. It is read without stress 都 can be placed before nouns or noun phrases to form an adverb-and-noun phrase.

　　(1)都八点了，你也该醒了。

　　(2)都到秋天了，还这么热。

　　(3)今天去了这么多地方，我都累死了。

2. 又是打雷又是闪电

　　用"又…又…"连接几项事物，表示几个动作、状态、情况同时存在。

　　The pattern 又…又… linking several cases indicates the simultaneous existence of several actions, states or cases.

　　(1)他又会滑冰，又会游泳，是个体育爱好者。

　　(2)我们学校里边又有邮局，又有银行，很方便。

　　(3)星期日他又买菜，又做饭，忙极了。

3. 难得的好天气

　　"难得"可以作定语、状语、谓语，表示不容易得到。

　　The word 难得 can be used as an attributive, an adverbial or a predicate to indicate "seldom to get".

　　(1)我能来中国留学，机会难得，可得好好学习。

　　(2)你难得来一次，多住几天吧。

　　(3)在北京难得见到这种水果。

4. 万一下雨

　　副词"万一"表示事情发生的可能性非常小，用于假设的、不希望发生的事。

　　The adverb 万一 indiccates that it is rare for the events to take place. It is used to describe something hypothetical or unlikely to happen.

(1)今天太冷，别游泳，万一感冒了，又得休息好几天。

(2)你最好在这本书上写个名字，万一丢了，也容易找到。

(3)早点儿走吧，万一赶不上火车怎么办？

5. 在山上躲都没地方躲

"都"字前后重复使用一个动词 (前者肯定, 后者否定)，"都"是"甚至"的意思，轻读。

The same verb appears before and after the word 都 which means even and is read without stress. The verb at the front is in the affirmative form, the next one is in the negative form.

(1)自行车他骑都不会骑，当然不会买了。

(2)那个小孩儿走都走不好，就想跑。

(3)饺子他吃都没吃过，怎么会包呢!

四、练　习
Exercises

1. 回答问题:
Answer the following questions:

(1)这几天的天气怎么样？今天呢？

(2)你认为北京的天气怎么样？你习惯了吗？

(3)你家乡四季的天气怎么样？你最喜欢哪个季节？为什么？

(4)这里现在的天气和你家乡的一样吗？

(5)你知道北京四季天气的情况吗？请你介绍一下。

2. 用指定词语完成句子:
Complete the sentences with the proper expressions in brackets:

(1) A：今天真够冷的。

  B：_____。(比)

(2) A：这里的天气怎么样?

  B：_____。(和…一样)

(3) A：你觉得这儿的天气比你家乡好吗?

  B：_____。(没有)

(4) A：听说北京春天的天气不太好。

  B：_____。(刮大风 风沙)

(5) A：为什么说秋天是北京一年中最好的季节?

  B：_____。(晴天 不冷也不热)

(6) A：你听今天的天气预报了吗?

  B：_____。(多云 晴)

(7) A：你知道今天的气温是多少吗?

  B：_____。(最高气温 最低气温)

3. 根据指定内容对话:

Make dialogues with the topics given below:

(1) 哟，下雪了!

(2) 昨天夜里的雨真大!

(3) 你喜欢什么样的天气?

(4) 你说我们最好在什么季节去南方旅游?

4. 模仿例句改写句子:

Rewrite the following sentences after the models:

例：已经八点了，我们出发吧。

——→都八点了，我们出发吧。

(1) 已经七点了，安娜不会来了。

(2) 既然他已经说对不起了，你就别再生他的气了。

(3) 雨已经停了，天怎么还不晴呢?

例：他一直走着去上班。

——→他总走着去上班。

(1)他喝酒常常喝到很晚。

(2)尽管大家都这样告诉他，他一直不相信这是真的。

(3)他一直希望能亲自做这些事。

例：他能买到这么理想的房子，这种机会真是太不容易有了。

——→他能买到这么理想的房子，这种机会真是太难得了。

(1)回国之前能在这儿见到您，真是太不容易了。

(2)他是一位少有的好人。

(3)他太忙了，很少有时间带孩子去公园。

5. 选择词语填空：

Fill in the blanks with the proper words given:

躲　都　万一　吵　忽然　又是…又是…　醒　梦见　难得

(1)窗外的声音____得我睡不着。

(2)从六点起我一直____着，你们在门口说话的声音我都听见了。

(3)我____自己真的成了医生。

(4)今天没给他打电话，我不去找他了，____他不在，我又见不着他。

(5)楼下出什么事了，怎么____吵____闹的。

(6)雨太大，咱们到那个商店____吧。

(7)在北京，冬天____买到这么好的水果。

(8)我正要走出房门，____电话铃响了。

(9)他结婚____没告诉我一声儿，真不应该。

6. 将课文改成短文，用下面的句子作为短文的开头。

Change the text into two passages and begin the two

passages with the following two sentences respectively.

(1)今天出太阳了，天气比昨天缓和……

(2)早上我跑步回来，发现我的同屋还在睡觉……

7. 介绍一下你们国家在每个季节里适合哪些运动。

Tell about the favorite sports in each season in your country.

第十六课　在同一个季节里

一、课　文
Text

A：中国南北气候差别很大。

B：是啊，北方下大雪的时候，广州到处都开着鲜花。

A：有的地方，比如拉萨，有时一天的气温变化也很大。

B：我听说，那儿有句俗话说："早穿皮袄午穿纱，抱着火炉吃西瓜。"

A：真有意思。我要是在那儿，恐怕每天都会感冒的。

B：在中国，气候最舒服的地方要数昆明了，那儿四季如春。

A：可不是吗？要不然怎么叫它"春城"呢？

B：寒假我打算去上海，那儿气候怎么样？

A：上海的冬天又湿又冷。

B：每天我都看电视的天气预报，上海气温比北京高多了。

A：北京虽然天气冷，可是屋子里很缓和。

B：上海冬天没有暖气吗？

A：很多地方没有，人们常常觉得外面比屋里暖和。

B：真的吗？

A：真的，去年冬天我去过一次。

B：你这么一说，我都不想去了。

A：别，还是去好，大的宾馆都有暖气。

B：听说那儿不常刮风。

A：这倒是，不过下雨比较多，出去一次，会把鞋弄脏的。

B：这又是一个麻烦。

A：那是小事。我想，上海的风味菜你一定喜欢吃。

B：那我秋天去吧。

二、生 词
New Words

1. 同　　（形）　　**tóng**　　same, alike

2.	季节	(名)	jìjié	season
3.	气候	(名)	qìhòu	climate
4.	差别	(名)	chābié	difference
5.	到处	(副)	dàochù	everywhere
6.	开	(动)	kāi	to bloom
7.	鲜花	(名)	xiānhuā	(fresh) flowers
8.	气温	(名)	qìwēn	temperature
9.	变化	(动、名)	biànhuà	to change
10.	皮袄	(名)	pí'ǎo	fur-lined jacket
11.	纱	(名)	shā	silk material
12.	抱	(动)	bào	to hold or carry in the arms
13.	火炉	(名)	huǒlú	stove, furnace
14.	西瓜	(名)	xīguā	watermelon
15.	舒服	(形)	shūfu	comfortable
16.	地方	(名)	dìfang	place
17.	数	(动)	shǔ	to regard, reckon...as
18.	四季	(名)	sìjì	the four seasons
19.	如	(动)	rú	like, as
20.	要不然		yàoburán	otherwise, if not or else
21.	湿	(形)	shī	wet, damp
22.	暖气	(名)	nuǎnqì	heating

23.	弄	(动)	nòng	to make, to do
24.	脏	(形)	zāng	dirty
25.	风味	(名)	fēngwèi	delicacy

专 名
Proper Nouns

广州	Guǎngzhōu	*name of a city*
拉萨	Lāsà	*name of a city in Tibet*
昆明	Kūnmíng	*name fo a city*

三、注 释
Notes

1. 中国南北气候差别很大

这个句子的谓语"差别很大"是一个主谓短语，这样的句子叫主谓谓语句。主谓谓语句的谓语，对主语有说明或描写的作用。

In this sentence, 差别很大 is a subject-predicate phrase. Such a sentence is called a S–P predicate sentence in which the predicate is used to explain or describe the subject.

(1)那儿四季如春。

(2)这个电视机样子新，声音好，价钱便宜。

(3)我头疼，不能去上课了。

2. …要数昆明了

这里"数"是指出名次列在最前面的。"数＋名词"前常用"要"。

The verb 数 here means "to regard (as...). The structure is 数＋n., which 要 often precedes.

　　(1)北京最热闹的地方要数王府井了。

　　(2)我觉得最可爱的动物要数熊猫了。

"数＋小句"也常用。

Another structure 数＋ a shrot sentence"is often used.

　　(1)我们班数他年轻。

　　(2)我们几个人数他个子高。

3.···要不然怎么叫它"春城"呢

连词"要不然"是"要是不这样"的意思，用来引进表示结果或结论的分句，在它前面的分句是一个表示肯定的句子。"要不然"还可说成"要不"或"不然"。

The conjunction 要不然 means otherwise or else. It introduces a clause of results or conclusions. The preceding clauses are affirmative sentences. 要不 or 不然 can be used instead of 要不然.

　　(1)他可能病了，要不然（要不　不然）他为什么不来上
　　　课呢?

　　(2)北京的四季秋天最好，要不然（要不　不然）怎么这
　　　时候来的人最多呢?

　　(3)咱们快走吧，要不然（要不　不然）就要让雨淋了。

5.会把鞋弄脏的

"弄"有很多义项，在句中具体表示什么意思，要根据一定的语言环境来判断，有时无需说出具体动作，也可以用"弄"。

The verb 弄 can stand for many verbs. The actions would be defined through the context. Sometimes it is unnecessary to show the specific actions, so 弄 is often used instead.

(1)妈妈，我饿极了，您给我弄点儿饭吧。(做)

(2)你能把这瓶啤酒弄开吗?(打)

(3)我把收音机弄坏了，你会修理吗?(摆弄)

(4)真渴，谁能弄点水来?(设法取得)

四、练 习
Exercises

1. 回答问题:

Answer the following questions:

(1)举例说明中国南北气候差别很大。

(2)"早穿皮袄午穿纱，抱着火炉吃西瓜"这句话说明了什么?

(3)你知道中国哪个地方的气候最好? 为什么?

(4)请说明一下，冬天住在北京和上海两地的优点和缺点。

2. 完成对话:

Complete the dialogues:

(1)A： _____?

B：温差比较大的要数拉萨了。

(2)A：北京夏天的最高气温比最低气温高多少度?

B：_____。

(3)A：你们国家哪儿的气候最舒服?

B：_____。

(4)A：你们国家北方下雪的时候，南方天气暖和吗?

B：_____。

(5)A：你常听天气预报吗?

B：_____。

A：_____?

B：电视里。

(6)A: _____?

　　B：一般来说夏天雨水比较多。

3. 根据指定内容对话:

Make dialogues with the topics given:

　　(1)说一说你们国家气候好的地方。

　　(2)一年中你最喜欢什么季节? 为什么?

4. 模仿例句改写句子:

Rewrite the following sentences after the models:

　　例: 在这个季节里，每个地方都能看到鲜花。

　　——→在这个季节里，到处都能看到鲜花。

　　(1)尼可向许多地方打听那个书店的地址。

　　(2)他这个人在各地都有朋友。

　　(3)每个地方我都找过了，也没找到那支钢笔。

　　例: 安娜还没来，也许她没接到通知。

　　——→安娜还没来，恐怕她没接到通知。

　　(1)你瞧，那边天越来越黑了，大概要下雨了。

　　(2)我刚从学十楼来，看见尼可房间里还没开灯，可能他还没
　　　　回来呢。

　　(3)李老师被送进医院了，看来这次他病得不轻。

　　例: 气候最舒服的地方，恐怕要算昆明了。

　　——→气候最舒服的地方，恐怕数昆明了。

　　(1)木村是班里发音最好的。

　　(2)这儿最大的商场是百货大楼。

　　(3)做这个菜最拿手的人，看来是小张了。

　　例: 昆明这个城市四季如春，如果不是这样，不会叫它"春

城”的。

→昆明这个城市四季如春，要不然不会叫它"春城"的。

(1)叫你来是请你帮忙，不然的话就不请你来了。

(2)这件衣服太小了，如果不是这样，他就不会去买新衣服。

(3)太晚了，你别走了，要是你走了，我会不放心的。

例：下雨天外出，鞋总是很脏。

→下雨天外出，鞋总是弄得很脏。

(1)今天早晨他出去买东西，把钱丢了。

(2)那个小孩把杯子摔破了。

(3)妈妈叫他把自己的房间打扫干净。

5. 说出下列各句中什么充当谓语部分：

Explain what phrases are used to act as predicates in the following sentences:

(1)来北京以后，我们参观、游览了许多地方。

(2)走着去那儿很不方便。

(3)你怎么了？还不起床？

(4)难道你病了？你脸色很难看。

(5)安娜美国人。

(6)现在五点半。

(7)这件礼物是小王送的。

6. 用指定词语完成句子：

Complete the following sentences with the words in brackets:

(1)北京给我的印象是_____。(到处)

(2)我第二次来到北京，_____。(变化)

(3)昆明的气候舒服极了，_____。(四季如春)

(4)我们班_____。(数)

(5)今天我还很不舒服，_____。(恐怕)

(6)今天太晚了，_____。(要不然)

(7)哟，谁把我的自行车_____。 (弄)

7. 举例说明你们国家有些地方在同一季节里气候不同的情况。

Tell about and illustrate with examples the diversified climates in different places in your country.

第十七课　我想看雪景

一、课　文
Text

A：请问，木村小姐在吗？

B：她洗澡去了，我想，一会儿就会回来。

A：那我等她一下吧。

B：外面冷吗？靠暖气这边坐吧。

A：冷。今天一直阴天，看样子要下雪。

B：那太好了！我的家乡冬天常下雪，所以，我
一看到雪景，就觉得好像回到家乡了。

A：你想家了吧？遗憾的是这儿很少下雪，就是
下，也不怎么大。

B：月底我打算去东北旅行，那儿可以看雪景。

A：可是那儿冷的要命，气温特别低。

B：听说最低气温有时要到零下二三十度，是吗？

A：是的，有人说去那儿玩儿的女孩子有的都冻
哭了！

B：不管多冷，我也不会哭。我买了皮帽、皮靴，
　　还有皮大衣。
A：我的老师是东北人，他说哈尔滨的冰雕美极
　　了。
B：我早就听说了，所以想去开开眼。
A：从电视上我知道，前几天那儿下了一场大
　　雪。
B：太棒了，我恨不得马上去那儿看雪景和冰
　　雕。

二、生　词

New Words

1.	洗澡		xǐ zǎo	to have a bath (shower)
2.	靠	（介、动）	kào	beside
3.	家乡	（名）	jiāxiāng	hometown
4.	雪景	（名）	xuě jǐng	snow scene
5.	要命		yào mìng	terribly, extremely
6.	特别	（副、形）	tèbié	very, particularly, especially
7.	低	（形）	dī	low
8.	零	（数）	líng	zero

9. 度	(量)	dù	*a measure word*
10. 冻	(动)	dòng	to freeze
11. 哭	(动)	kū	to cry, to weep
12. 不管	(连)	bùguǎn	no matter (what, how, etc.)
13. 皮	(名)	pí	fur, leather
14. 帽(子)	(名)	mào (zi)	cap, hat
15. 靴(子)	(名)	xuē (zi)	boots
16. 大衣	(名)	dà yī	overcoat
17. 冰雕	(名)	bīngdiāo	ice sculpture
18. 开眼		kāi yǎn	to broaden one's mind, to widen one's view
19. 场	(量)	chǎng	*a measure word*
20. 恨不得		hènbude	how one wishes one could, to itch to

专 名
Proper Nouns

东北	Dōng běi	the Northeast, northeast China
哈尔滨	Hā'ěrbīn	*name of a city*

三、注 释
Notes

1. 就是下，也不怎么大

"就是…也…"连接让步复句。"就是"后面的分句承认某种事实，作出让步，"也"后面的分句从相反的角度说出正面的意思。

就是…也…is used to link a complex sentence of concession. The clause after 就是 shows the admission of the facts; the other one after 也 stands to contrast the meaning of the first one.

(1)他的身体好极了，就是两天不睡觉，也没关系。

(2)参加赛跑要坚持到底，就是跑在最后边，也要跑到终点 (zhōng diǎn terminal point)。

(3)听说哈尔滨的冰雕美极了，就是再冷一点儿，我也要去看。

2. 那儿冷得要命

"要命"表示程度达到极点。

要命means the extreme degree has been reached.

(1)现在我饿得要命,, 快给我点儿东西吃吧。

(2)接到妈妈的信，他高兴得要命。

另外，在着急或抱怨时也可以用"要命"。

In addition, 要命 can be used when one is very worried or complaining.

(1)下了一个星期雨了，还不停，真要命!

(2)你这个人真要命，每天睡那么晚!

3. 零下二三十度

"二三十""三四百""五六千"或"四五"个"七八"瓶等两个相邻的数一起用，表示概数。

Two neighboring numbers used together show appoximate numbers, such as 二三十，三四百，五六千，四五个 and 七八瓶.

(1)王林怎么了？他有两三天没来上课了。

(2)七八年没见他，他还是那么年轻。

(3)这个城市有五六十万人口。

4. 不管多冷，我也不会哭

"不管…也…"连接条件复句，表示在任何条件下都会产生正句所说的结果。连接这种复句的关联词语可以用"不论、无论"，正句用"总""都"等。

不管…也 is used to link a complex sentence of condition and means no matter under what conditions. other conjunctions of such kind are 不论，无论，总 and 都, etc.

(1)不管是什么季节，他都坚持游泳。

(2)她常常肚子疼，所以无论多热，她都不喝凉水。

(3)这辆自行车无论怎么修，总修不好。

5. 太棒了

"棒"表示水平高，成绩好，体力或能力强，用于口语。

The word 棒 used in spoken language shows praise.

(1)那个老头儿身体真棒，他一口气就上到长城最高的地方了。

(2)今天的足球比赛，北京队踢得棒极了。

(3)在我们班，安娜的发音最棒，她要是再多练练汉字就
更好了。

6.我恨不得马上去那儿滑雪

"恨不得"表示一种急切的要求和愿望（多用于实际上做不
到的事），也说"恨不能"，一定要带动词或动词短语作宾语。"恨不
得"和动词宾语之间常用"马上""立刻""赶快""一下子"等副词。

恨不得 expressing eager requirements and wishes is used
to describe something that can not be realized. 恨不能 can be
used instead of 恨不得. In the sentences, the objects should be
verbs or verbal phrases. These adverbs, such as 马上,立刻,赶
快 and 一下子, etc. are often used between 恨不得 and the
verbs.

(1)这本书太棒了，我恨不得一个晚上就把它看完。

(2)我恨不能一下子飞到北京。

(3)我和姐姐分别两三年了，下星期她要回来，我恨不得
马上见到她。

四、练习
Exercises

1.回答问题:

Answer the following questions:

(1)你家乡经常下雪吗？雪大不大？

(2)下雪天你喜欢干什么？别的人呢？

(3)冬季你最喜欢的运动是什么？

(4)说一说冬天的优点和缺点。

2.用下列词语各说一段话:

Talk about something with the words given as a cue:

150

(1)冬天　冷　下雪　大　刮风　最低气温　要命
(2)常常　几场雪　薄　厚　打雪仗　堆雪人　滑雪
(3)雪景　郊游　到处　留影

3. 根据指定内容对话:

Make dialogues with the topics given:

(1)多美的雪景啊!

(2)下雪天的计划。

(3)谈谈你家乡的冬天。

(4)谈谈冬季运动。

4. 模仿例句改写句子:

Rewrite the following sentences after the models:

例: 请到暖气这边坐吧, 这儿比那儿暖和。

──→请靠暖气这边坐吧, 这儿比那儿暖和。

(1)在墙旁边儿放着一张桌子。

(2)那边儿太挤了, 往我这边儿坐坐吧。

(3)你坐在后边儿看不见的话, 就往前坐坐吧。

例: 他很少到我这儿来, 要是来, 也只坐一会儿就走。

──→他很少到我这儿来, 就是来, 也只坐一会儿就走。

(1)这件事别告诉他了, 告诉他, , 他也没办法。

(2)这儿的冬天常刮风, 不刮风, 天气也很冷。

(3)你别打电话叫他来了, 如果他能来, 也得等到周末。

5. 用下列概数造句:

Make sentences with the approximate numbers below:

(1)八九个人

(2)二十来岁　十岁左右

(3)三点左右

(4)三十多个

(5)八斤上下

6. 选择词语填空:

Fill in the blanks with the proper words given:

靠　要命　想　开开眼　就是　底　早就　不怎么

(1)这么晚了，那个小姑娘还没回家，家里人急得____。

(2)你还不知道呢，他____会骑车了。

(3)这些天，他非常____他在东京的孩子们。

(4)你别问了，____知道，他也不会告诉你的。

(5)听你这么介绍，我也真想去____。

(6)他认为这件事做得____理想。

(7)请你____边点儿站。

(8)年____这个地方将会有更大的变化。

7. 写一篇短文，题目是《在雪天里》。

Write a passage with the title of "In a Snowing Day".

第十八课　　我登上了长城

一、课　文
Text

A：快开车了，他们不会不来吧?

B：说不好，今天吃早饭就没看见他们几个。

A：也许睡过头了，昨天晚上他们下半夜才休息。

B：我去看看到底是怎么回事。

A：来不及了。

A：你怎么一个人回来了?

B：他们还没起床呢，让他们在梦里去长城吧。

A：快上车吧。到长城要多长时间?

B：大概两个小时左右。

A：这一路上空气真新鲜。

B：是啊，这里风景也很美，瞧山上的城墙，那是长城的一部分。

A：修建在那么高的山上，真了不起。

B：它全长有一万多里呢。

A：所以才叫万里长城啊。

B：八达岭到了，咱们该下车了。

A：真宏伟啊！我早就想亲眼看看长城，今天总算看到了。

B：你听说过没有，许多外国人说："不到长城非好汉，不吃饺子真遗憾。"现在，你既不遗憾，也是好汉了！

A：现在还不能算是好汉，爬上去才能算真正到长城了。

B：好，到那个最高的地方去。

A：长城上风真大啊！

B：你应该带一件衣服来。

A：走的时候太匆忙，没来得及。

B：瞧，树上的叶子都变红了，多漂亮！

二、生 词
New Words

1. 过头		guò tóu	to go beyond the limit, to overdo
2. 下半夜	（名）	xiàbànyè	the time after midnight
3. 到底	（副）	dàodǐ	after all, finally
4. 来不及		láibují	no time to do sth., unable to make it
5. 新鲜	（形）	xīnxiān	fresh
6. 城墙	（名）	chéngqiáng	city wall
7. 部分	（名）	bùfen	parts
8. 修建	（动）	xiūjiàn	construct
9. 了不起		liǎobuqǐ	amazing, extraordinary
10. 宏伟	（形）	hóngwěi	grand, magnificent
11. 亲眼	（副）	qīnyǎn	(to see) with one's own eyes
12. 总算	（副）	zǒngsuàn	at last
13. 非	（副）	fēi	not, no
14. 好汉	（名）	hǎohàn	brave man, true man
15. 爬	（动）	pá	to climb, to

crawl
16. 真正	(形)	zhēnzhèng	real, true
17. 匆忙	(形)	cōngmáng	hastily, in a hurry
18. 来得及		láidejí	there is still time, able to make it

专　名
Proper Noun

八达岭　　　　　　Bādálǐng　　*name of a place*

三、注　释
Notes

1. 不会不来

"不…不" 连用，强调肯定。

不…不 jointly used emphasizes the affirmative.

　　(1)只要地址写对了，信不会收不到。

　　(2)今天的晚会有小王的节目，他不能不来。

2. 说不好

"说不好" 的意思是不能肯定。

说不好 means not sure.

　　(1)A：明天天气怎么样？

B：说不好，这儿的天气变化太大。

(2)A：小李的病什么时候能好?

B：说不好,他要是听大夫的话,就能好得快一点儿。

3. 到底是怎么回事

"到底"在疑问句中表示进一步追究。

The word 到底 used in questions shows further inquiry.

(1)你怎么不说话? 这件衣服你到底喜欢不喜欢?

(2)昨天的球赛到底谁赢了?

(3)听说小李住院了，到底是什么病?

4. 怎么回事

用来询问事情或事情发生的原因。

It is used to inquire about something or the causes of something that happened.

(1)怎么回事? 外边那么热闹。

(2)上课的时候，他们都跑下楼去了，你知道是怎么回事吗?

5. 总算看到了

"总算"表示经过很长时间以后，某种愿望终于实现了。

总算 expresses a certain wish that finally comes true after a long time.

(1)这张画儿我画了一个星期，今天总算画好了。

(2)这场大风刮了三天，今天总算停了。

(3)我第一次去小王家，找了一个小时，总算找到了。

四、练 习
Exercises

1. 根据课文回答问题:

Answer the following questions according to the text:

(1)就要开车了，人来齐了吗？为什么？

(2)到长城要多长时间？为什么说长城真了不起？

(3)在长城最高的地方看到了什么？怎么样？

2. 完成会话:

Complete these dialogues:

(1)A：都这么晚了，你怎么还没收拾行李？

　B：＿＿＿＿＿＿＿＿＿＿。

　A：明天早上几点出发？

　B：＿＿＿＿＿＿＿＿＿＿。

　A：尼可他们知道了吗？

　B：＿＿＿＿＿＿＿＿＿＿。

　A：明天一路上坐车得多长时间？

　B：＿＿＿＿＿＿＿＿＿＿。

　A：这么说你有时间在车上睡大觉了!

(2)A：你看见去承德旅游的通知了吗？

　B：＿＿＿＿＿＿＿＿＿＿。

　A：就在食堂门口，你打算去吗？

　B：＿＿＿＿＿＿＿＿＿＿。

　A：这个星期五下午出发，下星期一早上回来。

　B：＿＿＿＿＿＿＿＿＿＿。

　A：今天下午开始报名。

(3)A：暑期你打算去哪儿旅游？

　B：＿＿＿＿＿＿＿＿＿＿。

A：除了去那儿还去什么地方？

B：＿＿＿＿＿＿＿＿＿。

A：看样子你准备在那儿住到开学了。

B：＿＿＿＿＿＿＿＿＿。

A：你的安排不错。

B：＿＿＿＿＿＿＿＿＿。

A：不行，我已经买了去南方的火车票了。

3. 根据指定内容对话:

Make dialogues with the topics given:

(1)周末我们去游览长城好吗？(第一次来北京，长城怎么样)

(2)说一说假期的旅行计划。(去哪儿，那儿的特点，怎么去，时间)

4. 模仿例句改写句子:

Rewrite the following sentences after the models:

例：都差十分八点了，没有多少时间了，快走吧！

——→都差十分八点了，再不走就来不及了。

(1)时间不够了，别等他了，我们先出发吧。

(2)请你转告安娜，我走以前没有时间去看她了，回来再见。

(3)我想回去拿一下东西，你说还能赶上车吗？

例：我早就想亲眼看看长城，今天可看到了。

——→我早就想亲眼看看长城，今天总算看到了。

(1)这几天一直阴天，今天可出太阳了。

(2)开始他怎么也不同意在晚会上表演节目，我跟他说了半天，最后他同意了。

(3)他向好几个人打听小王的新地址，最后终于打听到了。

例：他是我的老师，也是我的朋友。

──→他既是我的老师，也是我的朋友。

(1)散步能得到休息，还能锻炼身体。

(2)这种苹果又便宜，又好吃。

(3)我不懂艺术，也不懂文学。

5. **选择下列词语完成句子：**

Choose the right expressions and complete the following sentences:

半夜　变　到底　匆忙　了不起　全长　新鲜　亲眼

(1)这是一条很长的河，＿＿＿＿＿＿＿＿＿＿＿。

(2)A：你知道昨天晚上什么时候开始下雨的吗?

　　B：＿＿＿＿＿＿＿＿＿＿＿。

(3)你哭什么，＿＿＿＿＿＿＿＿＿＿＿？

(4)他六十多岁了还爬上了长城，＿＿＿＿＿＿＿＿＿＿。

(5)你瞧他买回来的鱼，＿＿＿＿＿＿＿＿＿＿。

(6)以前只是听说颐和园很美，今天总算＿＿＿＿＿＿＿＿＿。

(7)＿＿＿＿＿＿＿＿＿＿，忘记给你带那本书来了。

(8)他＿＿＿＿＿＿＿＿＿＿，我都认不出他来了。

7. **用自己的话重复课文。**

Retell the text in your own words.

8. **介绍你们国家的一个名胜古迹。**

Tell about one of the places of historic interest and scenic beauty in your country.

第十九课　明天去动物园

一、课　文
Text

A：真累啊!

B：怎么回事？我见你上课老打瞌睡。

A：昨天跑的地方太多了，一连去了好几个地方。

B：干吗这么着急，以后机会多着呢!

A：我呆的时间短啊，北京的名胜古迹太多了，可能我天天看都看不过来。

B：那你应该挑最有名的地方去。

A：昨天我去了故宫和天坛。

B：天坛的回音壁，你感兴趣吗?

A：因为感兴趣我才去的，可是我怎么没听见回声呢?

B：下回我陪你去，咱们一起试试。颐和园去过了吗?

A：还没呢！

B：那儿有山有水，风景优美，不能不去。

A：昆明湖是在颐和园吧?

B：是。湖很大，冬天可以滑冰，夏天可以划船。

A：北京动物园在全国是不是数一数二的?

B：是的。里面有很多动物，还有不少珍奇动物。

A：有猴子吗? 我最喜欢逗它们玩儿。

B：那里有个"猴山"。大猴子背着小猴子，有趣极了。

A：熊猫也让人着迷，我想拍点儿它们表演的照片。

B：明天去动物园吧! 顺路可以到新建的北京图书馆参观参观。

A：就听你的。

二、生词
New Words

1.	打瞌睡	dǎ keshui	to doze off
2.	一连 （副）	yīlián	in succession
3.	干吗	gànmá	why
4.	着急	zhāo jí	to worry about,

				to feel anxious
5.	机会	(名)	jīhuì	opportunity, chance
6.	呆	(动)	dāi	to stay
7.	名胜古迹		míngshèng-gǔjī	places of historic interest and scenic beauty
8.	挑	(动)	tiāo	to choose
9.	回音壁	(名)	huíyīnbì	echo wall
10.	感兴趣		gǎn xìngqù	to be interested in
11.	陪	(动)	péi	to accompany
12.	风景	(名)	fēngjǐng	landscape, scenery
13.	优美	(形)	yōuměi	beautiful, exquisite
14.	划船		huá chuán	to row a boat
15.	珍奇	(形)	zhēnqí	rare, precious
16.	猴子	(名)	hóuzi	monkey
17.	逗	(动)	dòu	to play with
18.	背	(动)	bēi	to carry
19.	有趣	(形)	yǒuqù	amusing, funny
20.	熊猫	(名)	xióngmāo	panda
21.	着迷		zháo mí	to be fascinated
22.	顺路	(形)	shùnlù	on the way

专　名
Proper Nouns

| 颐和园 | Yíhéyúan | the Summer Palace |
| 昆明湖 | Kūnmíng Hú | Kunming Lake |

三、注　释
Notes

1. 干吗那么着急

"干吗"口语中常说，意思与"干什么"一样，用来询问原因或目的。

The word 干吗, often used in spoken language, is the same as 干什么. It inquires as to the causes or purposes of an action.

(1)你到北京这么长时间了，干吗不早点儿来我家玩儿？

(2)你不是会骑车吗？干吗不买自行车？

(3)叫我干吗？是想让我陪你去散步吗？

注意，询问客观事物的道理时只能用"为什么"，不能用"干吗""干什么"。

Note, when inquiring as to the truth of objective things, only 为什么 can be used.

(1)北京春天、冬天的风沙特别大，你知道为什么吗？

(2)今年的西瓜为什么不怎么甜？

2. 机会多着呢

"着呢"用在形容词或类似形容词的短语后，表示程度深，带有夸张意味，多用于口语。

着呢，placed after adjectives or phrases acting as adjectives, indicates a certain high level of degree, with a tone of exaggeration. It is often used in spoken language.

(1)今天我累着呢，得好好儿休息一下。

(2)那儿的风景美着呢。

(3)他身体好着呢，不会生病。

3. 天天看

名量词和"天、年、人"等借用量词重叠，表示"由个体组成的全体"，有"毫无例外"的意思。

The reiterative form of nominal measure words or some other words used as measure words indicates the whole is composed of every single part, with the meaning of with out exception.

(1)他年年都来北京，今年来的次数最多。

(2)这个歌儿人人都喜欢。

(3)他买的西瓜个个都挺好。

4. 有山有水

"有…有…"用于列举事物，可以增强描写作用。

有…有…is used in listing things to emphasize their description.

(1)我们班有美国人，有法国人，有日本人，同学们非常友好。

(2)星期天公园里有男有女，有老有少，人多极了。

5. 是数一数二的

"数一数二"意思是名次排在前面，最好的。

The phrase 数一数二 means that something is regarded as best.

　　(1)木村的发音很好，在我们班是数一数二的。

　　(2)青岛啤酒是中国数一数二的好啤酒。

　　(3)北京数一数二的大商店都在城里。

6. 听你的

口语中，同意按照对方的意见办时常这样说。让对方听自己的，可以说"听我的"，还可以说"听××的"。

Often used in spoken language, this shows one's agreement to another's opinion. 听我的 can be used in asking sb. to accept my opinion. 听××的 can also be used.

　　(1)A：你要是每天早上跑半个小时，一定会减肥（to lose weight）。从明天开始我们早上一起跑步吧!

　　　　B：好吧，就听你的。

　　　　A：听我的没错儿（不会错）。

　　(2)这次旅行怎么安排，咱们就听小张的吧，他办法多。

四、练习
Exercises

1. 根据课文回答问题:

Answer these questions according to the text:

　　(1)请你介绍一下颐和园。

　　(2)北京动物园怎么样?

　　(3)A为什么一天去好几个地方? 他为什么去天坛?

2. 模仿例句改写句子:

Rewrite the following sentences after the models:

例: 这几天他一直很忙, 今天总算有时间休息了。

——►他一连忙了好几天, 今天总算有时间休息了。

(1)我问了好几个人, 才打听到你的地址。

(2)今天上午我给他打了三次电话, 才找到他。

(3)他们分别以后, 好几年没来往了。

例: 今天外面很冷, 多穿点儿!

——►今天外面冷着呢, 多穿点儿!

(1)安娜看见妈妈送她的生日礼物很高兴。

(2)坐这种车去旅行舒服极了。

(3)这儿离你要去的地方还很远呢。

例: 北京动物园在全国是很有名的。

——►北京动物园在全国是数一数二的。

(1)在学校, 他弹钢琴大概是最好的。

(2)他的学习成绩在班里差不多是最好的。

(3)这种自行车在全国是很有名的。

3. 用指定词语完成句子:

Complete the sentences with the words in brackets:

(1)北京的名胜古迹＿＿＿＿＿＿。(着呢　感兴趣)

(2)为了锻炼身体, ＿＿＿＿＿＿。(天天)

(3)去广州可以＿＿＿＿＿＿。(顺路)

(4)这个商店的毛衣颜色真不少, ＿＿＿＿＿＿。(挑)

(5)＿＿＿＿＿＿, 今天才出太阳。(一直)

4. 用指定词语对话:

Make dialogues with the cue words:

(1)机会　　名胜古迹　　累　　拍照
(2)数一数二　　感兴趣　　风景优美　　有山有水
(3)动物园　　可爱　　逗　　有趣

5. 根据指定内容对话:

Make dialogues with the topics given:

(1)和朋友一起看几张风景照片。

(2)和朋友一起谈每个人喜欢游览的地方。

(3)介绍你最喜欢的动物园。

(4)谈你最喜欢的一种动物。

(5)你最累的时候怎么休息?

6. 选择词语填空:

Fill in the blanks by with the proper the words given:

呆　数一数二　机会　顺路　自然　感兴趣　名胜古迹　到底
挑　打瞌睡　一连　参观　有山有水　珍奇　照片　大熊猫
风景优美　有趣　过头　着迷　表演　拍　跑

　　尼可____几天总是睡,可是上课时,他还经常____。同学们都很奇怪,不知道____为什么。原来,他在北京____的时间不多了,他怕失去____这些____的____,所以,想在离开北京以前多____几个地方。这些天,他____最有名的地方去,他发现他对所有的地方都很____。特别是_____的____景色使他____。在去颐和园时,他____来到全国____的北京动物园,在那里看到了许多动物,更____的是,他看到了可爱的____的____。当然了,尼可也给它____了许多_____。

7. 将上面的短文改成对话。

Turn the passage above into a dialogue.

168

第二十课　我最喜欢桂林

一、课　文
Text

A：一个月不见，你晒黑了。

B：我去南方旅行了，昨天傍晚刚回来。

A：南方我还从来没去过呢。

B：那儿山青水秀，风景优美。

A：你来中国好几次了，该去的地方都去过了吧?

B：除了西藏，别的地方几乎都跑到了。

A：你最喜欢哪儿?

B：桂林。中国自古就有"桂林山水甲天下"的说法。

A：这是在桂林拍的照片吗?

B：你算猜对了。这是漓江，江水清得能见底儿，水里的游鱼也看得清清楚楚。

A：这些山也很奇特，瞧，这座山峰多像一只老虎。

B：你再看这张，山上的那块石头就像一个正在
梳妆的姑娘。

A：这张照片有意思，是谁躺在你身边？

B：怎么，你没认出来？

A：让我再仔细看看，哟，这不是山田先生吗？

B：他当时累极了，躺在那儿就睡着了。

A：他睡得可真香！

B：照相的时候，他一点儿也不知道。

A：你们怎么穿得这么少，不冷吗？

B：那儿气候温暖，现在就像这儿的春天。

A：你们太幸运了，今年你可以过两个春天了。

B：可不，北京的春天眼看也要来了。

二、生　词
New Words

1．	晒	（动）	shài	to be tanned
2．	傍晚	（名）	bàngwǎn	at dusk
3．	山青水秀		zhānqīng- shuǐxiù	picturesque scenery, green hills and clear waters
4．	几乎	（副）	jīhū	almost, nearly

5.	自	(介)	zì	from
6.	古(代)	(名)	gǔ(dài)	ancient (times)
7.	甲天下		jiǎ tiānxià	best in the world
8.	算	(副)	suàn	in the end, finally, at last
9.	清	(形)	qīng	clear
10.	底儿	(名)	dǐr	bottom
11.	奇特	(形)	qítè	queer, peculiar
12.	多	(副)	duō	very much
13.	老虎	(名)	lǎohǔ	tiger
14.	石头	(名)	shítou	stone
15.	梳妆	(动)	shūzhuāng	to dress and make up
16.	躺	(动)	tǎng	to lie
17.	身边	(名)	shēnbiān	at one's side
18.	认	(动)	rèn	to recognize
19.	当时	(名)	dāngshí	at that moment
20.	着	(动)	zháo	to fall asleep
21.	温暖	(形)	wēnnuǎn	warm
22.	幸运	(形)	xìngyùn	lucky

专 名
Proper Nouns

西藏		Xīzàng	Tibet

| 桂林 | **Guìlín** | *name of a place* |
| 漓江 | **Lí Jiāng** | Li River |

三、注 释
Notes

1. 从来没去过

"从来"表示从过去到现在都是如此，多用于否定句。用否定词"没"时，在单音节动词或形容词后常带"过"。

The word 从来, often used in negative forms, indicates that something has remained the same from the past till now. 过 is often placed after monosyllabic verbs or adjectives, when 没 is used in negative forms.

(1)我从来没见过这几个人。

(2)这个地方的冬天从来没冷过，四季如春。

(3)他从来不喜欢游泳。

如果用于肯定句，"从来"修饰的需是动词短语、形容词短语或小句。

If used in affirmative forms, 从来 should modify verbal phrases adjective phrases or short sentences.

(4)他从来都是洗冷水澡。

(5)他对工作从来就很认真。

"从来＋没＋形"中，如果形容词前再加上"这么""这样"，意思与原来完全相反。

If 这么 or 这样 is placed before adjectives in the pattern of 从来＋没＋adj, the meaning of the sentence will be contrary entirely.

(1)我从来没有这么高兴过。

(2)最近，天气从来没有这样好过。

2. 你算猜对了

"算"在这里是"算做""当做"的意思，后面可以加"是"。"算（是）"用在动词前表示一种强调的语气。

The word 算 here means to be reckoned or to be considered. After 算, 是 can follow. 算（是） is used before verbs to show emphasis.

(1)这个音以前我老发不好，这回算是发对了。

(2)你算来的是时候儿，我正要去找你呢!

(3)你算说对了，是我给你打过一个电话，你不在。

3. 春天眼看也要来了

"眼看"是副词，是"马上"的意思，可以用在主语前，也可以用在主语后。

The adverb 眼看 means at once. It can be placed both before and after the subject.

(1)眼看就要下雨了，咱们快回去吧。

(2)眼看春节就要到了，买点儿过节的东西吧。

(3)这只鸟受伤了，眼看就要死了。

四、练 习
Exercises

1. 根据课文回答问题:

Answer these questions according to the text:

(1)B为什么晒黑了?

(2)B说他最喜欢哪儿? 为什么?

(3)山田先生的照片是怎么照的?

(4)山田先生他们为什么穿得那么少?

2. 用下列词语各写一段短文:
Write a passage with the cue words given:
- (1)桂林　南方　山青水秀　风景优美　数一数二
- (2)风景　有山有水　水清见底　游鱼
- (3)累　躺　睡　香　江边

3. 模仿例句改写句子:
Rewrite the following sentences after the models:

例: 除了西藏, 别的地方我差不多都去过了。

——▶除了西藏, 别的地方我几乎都去过了。

(1)几年没见, 你变化太大了, 我都快认不出你来了。

(2)差不多所有的地方都找了, 也没看见你的学生证。

(3)他的钱差不多全用完了。

例: 王府井的商店我几乎都转过了, 也没买到你要买的东西。

——▶王府井的商店我几乎都转遍了, 也没买到你要买的东西。

(1)我去过的地方都找过了, 也没找到我的钢笔。

(2)这儿的名胜古迹, 尼可差不多都去过了。

(3)这儿的风味小吃他都吃过了。

例: 电影马上就开演了, 安娜怎么还不来?

——▶电影眼看就开演了, 安娜怎么还不来?

(1)马上就要下课了, 你等他一会儿再走吧。

(2)冬天快要到了, 我们又可以去滑雪了。

(3)快要开学了, 你怎么又要去旅行了?

174

例：照相的时候他累极了，躺在那儿就睡着了。

——→他当时累极了，躺在那儿就睡着了。

(1)八六年我见过你，那时我还不知道你就叫田村。

(2)三年以前我们刚认识，那时候我还是学生。

(3)你那封信我收到了，因为身体不太好，没马上给你回信。

4. 选词填空：

Fill in the blanks with the proper words given:

看 遍 傍晚 自古 算 着 从来

(1)每天____总有不少人在河边散步，那时的景色很美。

(2)这个地方____以来就是旅游的好地方。

(3)你 ____ 来对了，秋天是这儿最好的季节，不冷不热。

(4)这么新鲜的鱼，我____没吃过。

(5)我问____了这里所有的人，谁也不知道他去哪儿了。

(6)这张纸太脏了，都____不出来原来的颜色了。

(7)你要的书我给你借____了。

5. 用自己的话介绍一下桂林、漓江的景色。

Descibe what Guilin and Li River look like in your own words.

6. 谈谈旅游的好处。

Tell about the benefit travels bring about.

词 汇 表

A

挨(动)	ái	to put up with, to endure, to suffer	4
爱(动)	ài	to love	12
爱人(名)	àiren	husband or wife, spouse	3

B

百货大楼(名)	bǎihuò dàlóu	department store (Here it means Beijing Department Store.)	7
班车(名)	bānchē	(here) company bus	2
半天(名)	bàntiān	a long time, quite a while	6
半夜(名)	bànyè	midnight	3
棒(形)	bàng	very good and skillful	4
傍晚(名)	bàngwǎn	at dusk	20
抱(动)	bào	to hold or carry in the arms	16
背(动)	bēi	to carry	19
备课	bèi kè	to prepare lessons	2
笨(形)	bèn	stupid, silly	4
比较(动)	bǐjiào	to compare	10
比如(动)	bǐrú	for instance, for	11

		example	
比赛(名、动)	bǐsài	match, competition	4
变(动)	biàn	to change	10
变化(动、名)	biànhuà	to change	16
表示(动)	biǎoshì	to mean, to express	12
冰雕(名)	bīngdiāo	ice sculpture	17
冰棍儿(名)	bīnggùnr	ice-lolly, ice-sucker	7
病(名、动)	bìng	ill, sick	5
并且(连)	bìngqiě	and, besides, moveover	9
部(量)	bù	*a measure word*	9
部分(名)	bùfen	parts	18
不得了	bùdéliǎo	serious	6
不管(连)	bùguǎn	no matter (what, how, etc.)	17
不过(连)	bùguò	but	2

C

猜(动)	cāi	to guess	7
参加(动)	cānjiā	to take part in	8
差别(名)	chābié	difference	16
差不多	chàbuduō	almost, nearly	7
场(量)	chǎng	*a measure word*	17
吵(动)	chǎo	to make noises	15
成(动)	chéng	to become	10
城墙(名)	chéngqiáng	city wall	18
城市(名)	chéngshì	city	7
出色(形)	chūsè	excellent, remarkable	9
出院	chū yuàn	to leave the hospital	5

除了⋯以外	chúle...yǐwài	besides, except	6
传统（名）	chuántǒng	tradition	2
聪明（形）	cōngming	clever	3
匆忙（形）	cōngmáng	hastily, in a hurry	18
从来（副）	cónglái	at all times (if 从来 is used in a negative sentence, it means "never")	1
错（形）	cuò	wrong	13

D

答应（动）	dāying	to promise	8
打（动）	dǎ	to play, to hit, to strike (to play a ball game to hit or strike sb.)	4
打瞌睡	dǎ kēshuì	to doze off	19
打雷	dǎ léi	to thunder	15
打算（名、动）	dǎsuàn	to intend to, to plan	7
打听（动）	dǎtīng	to ask about, to inquire about	11
打招呼	dǎ zhāohu	to greet, to hail	13
打针	dǎ zhēn	to have an injection	5
大部分（名）	dàbùfen	in most cases	12
大概（副）	dàgài	probably	3
大事（名）	dàshì	an important thing	14
大学（名）	dàxué	university	1
大衣（名）	dàyī	overcoat	17
呆（动）	dāi	to stay	19
带（动）	dài	to bring, to take	15

单位（名）	dānwèi	unit	13
当（动）	dāng	to work as, to be	1
当然（副）	dāngrán	certainly, of course	5
当时（名）	dāngshí	at that moment	20
导演（名）	dǎoyǎn	director (of a film)	9
倒（副）	dào	(showing the contrary to the preceding situation or things)	1
到处（副）	dàochù	everywhere	16
到底（副）	dàodǐ	after all, finally	18
…的话	…dehuà	if	14
得（能动）	děi	to have to, should	3
等（动）	děng	to wait for	5
低（形）	dī	low	17
底（名）	dǐ	the end	2
底儿（名）	dǐr	bottom	20
地方（名）	dìfang	places	16
冻（动）	dòng	to freeze	17
逗（动）	dòu	to play with	19
独特（形）	dútè	unique, distinctive	9
读音（名）	dúyīn	pronunciation	12
度（量）	dù	*a measure word*	17
锻炼（动）	duànliàn	to have physical training	5
对不起	duìbuqǐ	I'm sorry	3
对方（名）	duìfāng	the opposite side, the other party	11
对话（名）	duìhuà	dialogue	9

对…来说	duì…láishuō	it is for sb. (to)…	12
多(副)	duō	very much	20
躲(动)	duǒ	to hide, to avoid	15

F

发现(动)	fāxiàn	to find, to discover	1
发展(动)	fāzhǎn	to develop	10
法律(名)	fǎlü	law	1
方便(形)	fāngbiàn	convenient	7
方法(名)	fāngfǎ	method, way	9
方言(名)	fāngyán	dialect	11
放假	fàngjià	to have a holiday	2
放心	fàngxīn	to set one's mind at rest	14
非(副)	fēi	not, no	18
非…不可	fēi…bùkě	must, have to	5
费(动)	fèi	to waste, take too much	6
分机(名)	fēnjī	extension	13
丰富(形)	fēngfù	rich, plentiful	10
风格(名)	fēnggé	style	9
风景(名)	fēngjǐng	landscape, scenery	19
风味(名)	fēngwèi	delicacy	16
枫叶(名)	fēnyè	maple leaf	15
妇女(名)	fùnü	women	3

G

该(能动)	gāi	should	15
赶(动)	gǎn	to hurry	7
赶快(副)	gǎnkuài	quickly, at once	7

感冒（名、动）	gǎnmào	to catch a cold	5
感兴趣	gǎnxìngqu	to be interested in	19
干吗	gànmá	why	19
刚（副）	gāng	just, exactly	7
刚才（名）	gāngcái	just now	11
钢琴（名）	gāngqín	piano	8
高中（名）	gāozhōng	high-school	1
告诉（动）	gàosù	to tell	14
隔壁（名）	gébì	next door	8
各（指代）	gè	*a demonstrative word*	11
跟（介）	gēn	with	8
根（量）	gēn	*a measure word*	7
跟头（名）	gēntou	(to have a) fall	4
公司（名）	gōngsī	company	1
工作制（名）	gōngzuòzhì	system of work	2
够（副）	gòu	quite	3
姑娘（名）	gūniang	girl	8
古（代）（名）	gǔ(dài)	ancient (times)	20
刮风	guā fēng	to blow	6
挂（动）	guà	to hang, to put up	10
怪不得	guàibude	no wonder, so that's why	8
关系（名）	guānxì	relation	10
观众（名）	guānzhòng	andience, spectator	9
国外（名）	guówài	foreign country	6
过头（形）	guòtóu	to go beyond the limit, to overdo	18

H

孩子(名)	háizi	child	3
海(名)	hǎi	sea	12
寒假(名)	hánjià	winter vacation	2
好汉(名)	hǎohàn	brave man, true man	18
好久(名)	hǎojiǔ	for a long time	5
好看(形)	hǎokàn	nice to look at	14
好容易(副)	hǎoróngyi	with great difficulty	11
好听(形)	hǎotīng	nice to listen to	9
好像(副)	hǎoxiàng	it looks as if, it seems	6
河(名)	hé	river	12
合适(形)	héshì	suitable, appropriate	1
恨不得	hènbude	how one wishes one could, to itch to	17
宏伟(形)	hóngwěi	grand, magnificent	18
猴子(名)	hóuzi	monkey	19
忽然(副)	hūrán	suddenly	15
湖(名)	hú	lake	12
互相(副)	hùxiāng	each other	11
花(动)	huā	to spend	2
哗(象声)	huā	*an onomatopoetic word*	15
花鸟画儿(名)	huāniǎohuàr	paintings of flowers and birds	10
滑冰	huá bīng	skating	4
划船	huá chuán	to row a boat	19
画	huà	to paint, to draw	10
画儿(名)	huàr	painting, picture	10

画展（名）	huàzhǎn	art exhibition	14
回（动）	huí	to return, to come back	5
回音壁（名）	huíyīnbì	echo wall	19
绘画（名）	huìhuà	drawing, painting	10
火炉（名）	huǒlú	stove, furnace	16
货（名）	huò	goods, commodity	7
或者（连）	huòzhě	or, either...or...	13

J

几乎（副）	jīhū	almost, nearly	20
机会（名）	jīhuì	opportunity, chance	19
急（形）	jí	impatient, anxious	12
季节（名）	jìjié	season	16
…极了	…jíle	extremely, extraordinarily, very	14
挤（动、形）	jǐ	to crowd, to pack	6
记不住	jìbuzhù	difficult to memorize, hard to learn by heart	12
记得（动）	jìde	to remember, to bear in mind	1
继续（动）	jìxù	to continue	3
既…又…	jì...yòu	both...and...	8
记者（名）	jìzhě	reporter, journalist	1
家乡（名）	jiāxiāng	hometown	17
甲天下	jiǎ tiānxià	best in the world	20
假期（名）	jiàqī	holiday, vacation	2
简单（形）	jiǎndān	simple, uncomplicated	10
简化（动）	jiǎnhuà	to simplify	12

简化字(名)	jiǎnhuàzì	simplified characters	12
江(名)	jiāng	river	12
江边(名)	jiāngbiān	river-side	11
教(动)	jiāo	to teach	4
交通(名)	jiāotōng	traffic; transport	6
郊区(名)	jiāqū	outskirts, suburbs	2
叫(动)	jiào	to call	5
结婚	jié hūn	to get married	3
节日(名)	jiérì	festival	2
介绍(动)	jièshào	to introduce	13
经常(形)	jīngcháng	often	5
经理(名)	jīnglǐ	manager, director	1
惊奇(形)	jīngqí	surprising, strange	7
觉得(动)	juéde	to feel, to think	7

K

开(动)	kāi	to bloom	16
开始(动)	kāishǐ	to begin, to start	5
开眼	kāi yǎn	to broaden one's mind, to widen one's view	17
看来(连)	kànlái	it seems that...	4
看样子	kànyàngzi	seem, to be like	6
靠(介、动)	kào	(here) beside	17
棵(量)	kē	*a measure word*	12
可能(副)	kěnéng	possible, probably, maybe	6
空气(名)	kōngqì	air	5
恐怕(副)	kǒngpà	I'm afraid, I think	6

哭(动)	kū	to cry, to weep	17
困难(名、形)	kùnnan	difficulty	3

L

来不及	láibují	no time to do sth., unable to make it	18
来得及	láidejí	there is still time, able to make it	18
老(形)	lǎo	old	5
老虎(名)	lǎohǔ	tiger	20
离(介)	lí	from	11
礼拜天(名)	lǐbàitiān	Sunday	2
礼物	lǐwù	gift, present	3
理想(名、形)	lǐxiǎng	ideal	1
俩(数量)	liǎ	*a numeral-measure word (two)*	9
脸色(名)	liǎnsè	countenance, complexion	5
了不起	liǎobuqǐ	amazing, extraordinary	18
了解(动)	liǎojiě	to understand, to find out	9
林(名)	lín	woods, grove	12
淋(动)	lín	to be drenched with rain, to be caught in rain	6
零(数)	líng	zero	17
流动(动)	liúdòng	mobile	6
留学生(名)	liúxuéshēng	overseas student	14
旅行(名、动)	lǚxíng	to travel	5

律师(名)	lǜshī	lawyer	1

M

马上(副)	mǎshàng	at once, immediately	15
满(形)	mǎn	full	6
毛笔（名）	máobǐ	writing brush	10
帽子(名)	màozi	cap, hat	17
门口(名)	ménkǒu	entrance, doorway	7
梦(名、动)	mèng	dream	15
迷路	mí lù	to lose one's way	11
民族(名)	mínzú	nationality	10
名(量)	míng	a measure word (for a person)	1
名胜古迹	míngshèng-gǔjī	places of historic interest and scenic beauty	19
墨(名)	mò	ink	10

N

拿手(形)	náshǒu	good at, an expert at	4
那边(代)	nàbiān	over there	8
难得(形)	nándé	seldom, rare	15
难怪(连)	nánguài	no wonder	11
闹笑话	nào·xiàohuà	to make a fool of oneself	13
嗯(叹)	ňg	an interjection	3
年轻(形)	niánqīng	young	1
弄(动)	nòng	to make, to do	16
暖气(名)	nuǎnqì	heating	16

女人(名)	nǚrén	female	13
噢(叹)	ō	*an interjection*	8

P

爬(动)	pá	to climb, to crawl	18
怕(动)	pà	to be afraid of, to fear	4
拍(动)	pāi	to shoot (a film)	9
牌子(名)	páizi	brand, trademark	7
跑步	pǎo bù	to do some running	5
陪(动)	péi	to accompany	19
皮(名)	pí	fur, leather	17
皮袄(名)	pí'ǎo	fur-lined jacket	16
骗(动)	piàn	to cheat, to deceive	8
飘(动)	piāo	to float	12
乒乓球(名)	pīngpāngqiú	ping-pong, table tennis	4
普通话(名)	pǔtōnghuà	standard speech (spoken Chinese language)	11

Q

骑(动)	qí	to ride	7
奇怪(形)	qíguài	strange, surprising	13
奇特(形)	qítè	queer, peculiar	20
起床	qǐchuáng	to get up	15
气候(名)	qìhòu	climate	16
气温(名)	qìwēn	temperature	16
瞧	qiáo	to look, to see	3
巧(形)	qiǎo	coincidental, happening by chance	8

亲眼(副)	qīnyǎn	(to see) with one's own eyes	18
清(形)	qīng	clear	20
趣谈(名)	qùtán	interesting conversation	12
全(形)	quán	whole, entire	15
确实(副)	quèshí	really, indeed	9

R

让(介)	ràng	(to be used in the passive voice sentences for introducing the doer)	6
人口(名)	rénkǒu	population	6
认(动)	rèn	to recognize	20
认为(动)	rènwéi	to think, to consider	9
容易(形)	róngyì	easy, likely	5
如(动)	rú	like, as	16
如果(连)	rúguǒ	if, in case	14

S

森林(名)	sēnlín	forest	12
纱(名)	shā	silk material	16
晒(动)	shài	to be tanned	20
山峰(名)	shānfēng	mountain peak	12
山青水秀	shānqīng—shuǐxiù	picturesque scenery, green hills and clear waters	20
闪电(名)	shǎndiàn	lighnting	15
商量(动)	shāngliang	to discuss, to consult	8

上班	shàng bān	to go to work	2
上场	shàng chǎng	to appear on the stage	8
上车	shàng chē	to get on a bus	3
上街	shàng jiē	to go to town, to go shopping	7
上(学)(动)	shàng(xué)	to go to school	1
身边(名)	shēnbiān	at one's side	20
生日(名)	shēngri	birthday	3
声音(名)	shēngyīn	voice, sound	9
湿(形)	shī	wet, damp	16
石头(名)	shítou	stone	20
试(动)	shì	to try	10
受不了	shòubuliǎo	cannot bear, to be unable to endure	6
书法(名)	shūfǎ	calligraphy	10
舒服(形)	shūfu	comfortable	16
梳妆(动)	shūzhuāng	to dress and make up	20
数(动)	shǔ	to regard, reckon as...	16
暑假(名)	shǔjià	summer vacation	2
摔(动)	shuāi	to fall, to tumble	4
水墨画儿(名)	shuǐmòhuàr	ink and wash drawing	10
顺路(形)	shùnlù	on the way	19
说不定	shuōbudìng	perhaps, maybe	9
说法(名)	shuōfǎ	way of saying a thing	11
四季(名)	sìjì	the four seasons	16
算(副)	suàn	in the end, finally, at last	20
虽然(连)	suīrán	although, even if	10

随便（形）	suíbiàn	random, informal, casual	13
所以（连）	suǒyǐ	so, therefore	11

T

太极拳（名）	tàijíquán	a kind of traditional Chinese shadowboxing	5
太阳（名）	tàiyáng	sun	15
谈（动）	tán	to talk	2
弹（动）	tán	to play	8
躺（动）	tǎng	to lie	20
特别（形）	tèbié	very, particularly, special	17
特点（名）	tèdiǎn	distinguishing feature, trait	10
疼（形）	téng	pain	4
踢（动）	tī	to play (football), to kick	4
挑（动）	tiāo	to choose	19
跳舞	tiào wǔ	to dance	8
听说	tīng shuō	it's said...	3
挺（副）	tǐng	very, quite, rather	7
通（动）	tōng	to get through	13
同（形）	tóng	same, alike	16
同屋（名）	tóngwū	roommate	8
头疼	tóu téng	to have a headache	6

W

外地（名）	wàidì	other parts of the country	6
外国（名）	wàiguó	foreign country	3

外面（名）	wàimiàn	outside, out	15
万一（副）	wànyī	just in case, if by any chance	15
王国（名）	wángguó	kingdom	7
网球（名）	wǎngqiú	tennis	4
喂（叹）	wèi	an interjection	13
味儿（名）	wèir	taste	11
为什么（代）	wèishénme	why	8
温暖（形）	wēnnuǎn	warm	20
文艺（名）	wényì	literature and art	8
文字（名）	wénzì	characters, written language	10
舞蹈（名）	wǔdǎo	dance	8
舞会（名）	wǔhuì	a dancing party	8

X

西北（名）	xīběi	northwest	6
西瓜（名）	xīgua	watermelon	16
希望（名、动）	xīwàng	to hope	1
洗澡	xǐ zǎo	to have a bath, shower	17
下班	xià bān	to go off work	2
下半夜（名）	xiàbànyè	the time after midnight	18
先（副）	xiān	first, in advance	2
鲜花（名）	xiānhuā	(fresh) flowers	16
羡慕（动）	xiànmù	to admire	2
香（形）	xiāng	sound (sleep), scented, appetizing taste or smell	15
相差	xiāng chà	difference	11

像(动)	xiàng	such as, like	6
像(形)	xiàng	alike, taking after	9
向(介)	xiàng	towards	13
小家伙儿(名)	xiǎo jiāhuor	kid	3
辛苦	xīnkǔ	(to work) hard, laborious	3
新鲜(形)	xīnxiān	fresh	18
心脏(名)	xīnzàng	heart	5
信心(名)	xìnxīn	confidence	12
性格(名)	xìnggé	nature, disposition	9
幸运(形)	xìngyùn	lucky	20
熊猫(名)	xióngmāo	panda	19
修建(动)	xiūjiàn	to construct	18
靴子(名)	xuēzi	boots	17
雪景(名)	xuějǐng	snow scene	17
旬(名)	xún	a period of ten days	2

Y

演(动)	yǎn	to perform, to act	9
演出(名、动)	yǎnchū	to perform	8
演员(名)	yǎnyuán	performer, actor, actress	8
要不然	yàoburán	otherwise, or else	16
要命	yào mìng	terribly, extremely	17
要是(连)	yàoshì	if	6
也许(副)	yěxǔ	propable, perhaps, maybe	7
一般(形)	yībān	in general	13
一定(副)	yīdìng	certainly, surely	7

一…就…	yī…jiù…	as soon as	12
一连(副)	yīlián	in succession	19
一起(副)	yī qǐ	together	5
一直(副)	yīzhí	continuously, always	5
医生(名)	yīshēng	doctor	1
医院(名)	yīyuàn	hospital	3
遗憾(形)	yíhàn	a pity, regretful	4
以后(名)	yǐhòu	after	1
以前(名)	yǐqián	before, previously	3
以为(动)	yǐwéi	to think, to consider	11
意见(名)	yìjiàn	idea, opinion	8
意思(名)	yìsi	meaning	12
阴(形)	yīn	cloudy	6
哟(叹)	yō	*an interjection*	5
优美(形)	yōuměi	beautiful, exquisite	19
由(介)	yóu	through, by	13
游客(名)	yóukè	visitor, tourist	6
游泳	yóu yǒng	swimming	4
有名(形)	yǒumíng	well-known, famous	7
有趣(形)	yǒuqù	to amusing, funny	19
有些(代)	yǒuxiē	some	9
幼儿园(名)	yòu'éryuán	kindergarten	3
雨点儿(名)	yǔdiǎnr	raindrop	12
雨伞(名)	yǔsǎn	umbrella	15
预报(动)	yùbào	forecast	15
原谅(动)	yuánliàng	to excuse	3
原因(名)	yuányīn	reason	7
愿意(能动)	yuànyì	to be willing, to wish	14

约定(动)	yuēdìng	to appoint, to arrange	7
越来越…	yuèláiyuè...	to get adj.＋er＋adj.＋er (to get better and better, colder and colder, etc.)	3
越…越…	yuè...yuè	the more..., the more...	5
云(名)	yún	cloud	10
运动(名、动)	yùndòng	sport	4

Z

脏(形)	zāng	dirty	16
怎么办	zěnmebàn	What's to be done?	3
占(动)	zhàn	to occupy	6
着(动)	zháo	to fall asleep	20
着急	zhāojí	to worry about, to feel anxious	19
着迷	zháomí	to be fascinated	19
找(动)	zhǎo	to find, to look for. to speak to (for making a telephone)	13
真(副)	zhēn	really	3
珍奇(形)	zhēnqí	rare, precious	19
真正(副)	zhēnzhèng	real, true	18
正(是)　(副)	zhèng(shì)	just, right	8
职业(名)	zhíyè	occupation	1
只是(副)	zhǐshì	just	1
重要(形)	zhòngyào	main, important	2
周(名)	zhōu	week	2
周末(名)	zhōumò	weekend	15

祝贺(动)	zhùhè	to celebrate	14
注意(动)	zhùyì	to notice, to pay attention	13
转(动)	zhuǎn	to put on through to	13
转告(动)	zhuǎngào	to pass on (a message)	14
转(动)	zhuàn	to go for a walk	11
仔细(形)	zǐxì	careful, attentive	11
自(介)	zì	from	20
自然(名、形)	zìrán	nature, natural	9
总(副)	zǒng	always	15
总机(名)	zǒngjī	telephone exchange, switchboard	13
总算(副)	zǒngsuàn	at last, finally	18
足球(名)	zúqiú	football, soccer	4
最(副)	zuì	the most	4
最近(名)	zuìjìn	recently, lately	9
作家(名)	zuòjiā	writer	1

专用名词

A

安娜	Ānnà	*name of a person*	14

B

八达岭	Bādálǐng	*name of a place*	18
北京饭店	Běijīng Fàndiàn	Beijing Hotel	3

M

玛丽	**Mǎlì**	*name of a person*	7
美洲	**Měizhōu**	America	13
木村	**Mùcūn**	*name of a person*	5

O

欧洲	**Ōuzhōu**	Europe	13

Q

清华大学	**Qīnghuā Dàxué**	Qinghua University	14

S

山田	**Shāntián**	*name of a person*	5

X

西藏	**Xīzàng**	Tibet	20
小岛	**Xiǎodǎo**	*name of a person*	8

Y

颐和园	**Yíhéyuán**	the Summer Palace	19
永久	**Yǒngjiǔ**	Forever *(brand of a bicycle)*	7
圆明园	**Yuánmíngyuán**	Garden of Perfection and Light	7

4月5日 (星期五)
APR.5 (Friday)
五周班结业会
Farewell meeting for Five-week session students.

注:
1. 参加周末旅行的同学，请在入学后一周内到办公室报名交费，过期不候。
2. 不满10人以前取消旅行。
3. 出发一周以前退出旅行，扣旅费 20%。
4. 出发前一周内退出旅行，扣旅费 60%。
5. 出发当日退出旅行，旅费不退。

Notice:
1. The persons who want to take part in the trips of weekend should pay fees in the office within one week after course starts.
2. We will cancell the trips in less than ten persons.
3. The money would be deducted 20% from the fees of trips if you withdraw from the trips c.ie week before departure.
4. The money would be deducted 60% from the fees of trips if you withdraw from the trips within one week befroe departure.
5. The money would not be refunded if you withdraw from the trips on the date of departure.

北京语言学院·汉语速成学院

九六年三月五周班课余活动计划

Spare time activities for MAR.1996 5-week session students

3月4日（星期一）
MAR.4 (Monday)

8:30 开学典礼，分班测试。
8:30 Meet in the
14:30 办理入学手续，缴纳学费，领取听课证。教三楼三层留学生办公室。
14:30 Go through Formalities. Pay tuition and pick up your registration card at the office on the third floor of Teaching Building No.3.

3月9日（星期六）
MAR.9 (Saturday)

8:00 参观长城。教三楼前上车。
8:00 Trip to the Great City. Meet in front of Teaching Building No.3.

3月23日－26日

大同旅行（云岗石窟，悬空寺，华严寺）
费用：1050 元人民币（火车）。自愿报名。
Trip to Datong(Yungang Rock Cave, the Suspending Temple, Huayan Temple)
Fee: RMB 1050 (By Train).

3月29日－31日

承德旅行（避暑山庄，大佛寺，小布达拉宫）

Z

中村　　　　**Zhōngcūn**　　*name of a person*　　13

说 汉 语 (上册)

(英 文 注 释)

吴 叔 平 主编

·

北京语言学院出版社出版 发行

(北京海淀区学院路 15 号)

北 京 文 物 印 刷 厂 印 刷

───────────────────────────

开本 850 × 1168 1/32 6.625 印张 150 千字

1990 年 10 月第 1 版 1990 年 10 月第 1 次印刷

印数：1—5,000 册

ISBN 7−5619−0107−0/H·79 定价：5.00 元